ammann

Marcel Reich-Ranicki

Max Frisch

Aufsätze

Ammann Verlag

Für Doris und Hansjakob Stehle

»Die hundert Dinge nämlich, die dem Verfasser nicht ein-
fallen, warum fallen sie mir selber erst ein, wenn ich ihn
lese? Noch da, wo wir uns am Widerspruch entzünden,
sind wir offenbar die Empfangenden.«

Max Frisch, *Tagebuch 1946–1949*

INHALT

11
Der Dichter der Angst

37
Entwürfe zu einem Ich

53
Engagierte Literatur – wozu?

61
Der Klassiker der Skizze

71
Ein Schweizer aus Bekenntnis

79
Das Buch der Liebe

89
Ein ungedeckter Scheck

99
Nachwort

113
Nachweise und Anmerkungen

120
Zeittafel

125
Über den Autor

DER DICHTER DER ANGST

Als Max Frisch im Jahre 1958 mit dem Literaturpreis der
Stadt Zürich ausgezeichnet wurde, wählte er für seine
Dankansprache das Thema: *Öffentlichkeit als Partner.* Er
untersuchte vor allem die Frage, was den Schriftsteller eigentlich veranlasse, sich vor dem Publikum preiszugeben,
warum er also schreibe. Für manche, meinte Frisch, gelte
die Antwort: »Um die Welt zu verändern.« Andere hingegen, zu denen auch er gehöre, würden sagen: »Um die
Welt zu ertragen, um standzuhalten sich selbst, um am Leben zu bleiben.«[1]

Wenn man es recht bedenkt, weichen diese Antworten
nicht gar so weit voneinander ab. Beide setzen es als selbstverständlich voraus, daß unsere Welt nicht akzeptiert werden kann, und bringen die Arbeit des Schriftstellers in
einen unmittelbaren Zusammenhang mit eben diesem
Zustand. Der Unterschied zwischen den beiden angedeu-
teten Betrachtungsweisen läuft im wesentlichen auf den
Subjekt-Objekt-Wechsel hinaus. Wer also erklärt, er
schreibe, um die Welt zu verändern, behandelt offensichtlich die Welt als Objekt und sich als Subjekt. Wer hingegen
sagt, er schreibe, um die Welt zu ertragen und am Leben zu
bleiben, sieht sich selbst als Objekt. Nicht moralische oder
intellektuelle Motive sind es, die in der Regel diese Divergenz bewirken. Ihre Ursachen sollten auf einer ganz anderen Ebene gesucht werden: Sie scheinen vor allem der
emotionalen Grundhaltung und dem künstlerischen Tem-

perament der Schriftsteller zu entspringen. Die erste Antwort ist offensiv, die andere defensiv.

In der Tat haftet dem Werk Max Frischs etwas Defensives an. Er gehört nicht zu jenen Schriftstellern, die attakkieren, sondern zu jenen, die sich lediglich der Realität, die auf sie einstürmt, erwehren wollen. Er fordert die Welt nicht heraus – er fühlt sich von ihr herausgefordert. In seinem *Tagebuch* notierte er im Jahre 1946: »Man hält die Feder hin, wie eine Nadel in der Erdbebenwarte, und eigentlich sind nicht wir es, die schreiben; sondern wir werden geschrieben.« Das aber kann nur bedeuten: Letztlich hängt es nicht vom Schriftsteller ab, mit welchen Fragen und Themen er sich befaßt. Denn er wird von der Zeit, in der er lebt, zu bestimmten Fragen und Themen gezwungen. Er agiert nicht, er reagiert.

Auf die vorherrschende Empfindung, die diese Reaktionen des Schriftstellers Frisch bedingt, hat er in seiner Züricher Rede von 1958 hingewiesen: »Ich gebe Zeichen von mir, Signale... Ich schreie aus Angst, ich singe aus Angst vor meinem Alleinsein im Dschungel der Unsagbarkeiten.« Damit haben wir das entscheidende Stichwort: Max Frisch ist ein Dichter der Angst. Im doppelten Sinne sollte dies verstanden werden. Von Angst gequält und getrieben, schreibt er Romane, Theaterstücke und Tagebücher. Und da er vor allem darüber schreibt, was ihn am meisten bedrängt, ist das Leitmotiv seiner literarischen Arbeiten, mag es auch mitunter verheimlicht werden oder verborgen bleiben, wiederum die Angst.

Seine Helden sind Menschen in der Defensive. Sie versuchen, einer feindlichen Umwelt zu widerstehen, ihre Eigenart zu verteidigen – so Don Juan, der die Geometrie mehr als die Frauen liebt, so der Ingenieur Walter Faber, der sich seinen Glauben an die Wahrscheinlichkeitsrechnung bewahren möchte, so Andri, den die Andorraner für einen Juden halten. Von der Angst gequält, fliehen die Geschöpfe Frischs aus ihrem bisherigen Lebensbereich und leugnen ihre Identität – wie Jürg Reinhart in dem Roman *Die Schwierigen oder J'adore ce qui me brûle*, wie der Bildhauer Anatol Ludwig Stiller. Von Angst getrieben, revoltieren sie gegen Gesetz und Ordnung – wie der Staatsanwalt, der zur Axt greift und sich in den Grafen Öderland verwandelt. Von Angst bedrängt, sehen sie sich schließlich genötigt, Kompromisse einzugehen und zu kapitulieren.

Allein, es ist die Angst des Wissenden, die Frisch schreiben läßt und mit der er viele seiner wichtigsten Gestalten ausgestattet hat. Anders ausgedrückt: um das »Alleinsein im Dschungel der Unsagbarkeiten« zu fürchten, muß man von der Existenz dieser Unsagbarkeiten wissen oder sie zumindest ahnen. Schon Frischs erster Held, der Maler Jürg Reinhart, deutet an: »Wir alle kennen die Angst vor der Welt, je größer unser Mut zum Schauen ist... Angst, überall Angst, die übermalt werden soll...«

Der Held der *Schwierigen* weist auf die Ursache dieses Zustandes hin: »Angst ist unser Erbe, Angst, geboren aus der Verheimlichung alles Wirklichen, alles Ungemütlichen, alles Ungeheuren, das da ist! Und ob es da ist; man wage einen Blick in die Zeit. Wir müssen leben und zeigen, was ist, gerade als Maler, die uferlose Wirklichkeit der menschlichen Seele.« Und an einer anderen Stelle dieses Romans heißt es: »Man muß der Wahrheit auf den Grund gehen, wenn die Angst aufhören soll. Oft denke ich, jede Wahrheit, die bitterste, ist besser als Angst.«

Der Roman *Die Schwierigen* – 1943 veröffentlicht – ist aus Frischs erstem Buch (*Jürg Reinhart*, 1934) hervorgegangen. Vom Anfang seiner literarischen Laufbahn an betrachtet also Frisch die Kunst als eine Möglichkeit, die Angst zu überwinden. Um die Dämonen zu bannen, gilt es, sie an die Wand zu malen. Von welchen Dämonen aber ist die Rede?

In Frischs Farce *Die Chinesische Mauer* (1946) spricht der junge Don Juan sehnsuchtsvoll von den längst vergangenen Zeiten der großen Entdeckungsreisen, da es noch das »Unbekannte« und das »Abenteuer« auf Erden gab, die »Räume der Hoffnung«. Sein Gesprächspartner Columbus belehrt ihn jedoch: »Noch ist Indien, das ich meinte, nicht entdeckt... Auch Euch, junger Mann, verbleiben noch immer die Kontinente der eigenen Seele, das Abenteuer der Wahrhaftigkeit. Nie sah ich andere Räume der Hoffnung.« Jetzt ist also nicht mehr die Rede – wie einst in den *Schwierigen* – von der »uferlosen Wirklichkeit der menschlichen Seele« schlechthin, sondern von der Aufdeckung der »Kontinente der *eigenen* Seele«. Gleichzeitig, 1946, stellt Frisch in seinem *Tagebuch* fest: »Schreiben heißt: sich selber lesen.« Und schließlich läßt er in der Komödie *Don Juan oder Die Liebe zur Geometrie* (1953) den Titelhelden sagen: »Wenn wir... diese Welt nicht bloß als Spiegel unsres Wunsches sehen, wenn wir es wissen wollen, wer wir sind, ach Roderigo! dann hört unser Sturz nicht mehr auf... Stürze dich nie in deine Seele, Roderigo, oder in irgendeine...«

Die schriftstellerische Aufgabe ist damit indirekt, aber eindeutig präzisiert. Kann Angst, dieses bewußte oder unbewußte Grundgefühl Frischs, als die heimliche Basis seiner einzelnen Werke gelten, so die Frage »Wer sind wir?« oder »Wer bin ich?« als ihre jeweilige, sei es sichtbare, sei es verborgene Achse. Diese Frage nach der Identität des Menschen ist aber für Frisch – zunächst einmal – ein psychologisches Problem. Die Befürchtungen und Vermutungen, Erkenntnisse und Behauptungen, die in seinen Romanen und Stücken enthalten sind, werden fast immer aus charakterologischen Erfahrungen und Beobachtungen abgeleitet und mit ihnen motiviert. Er ist ein Psychologe, der sich gezwungen sieht, Moralist zu sein. Er ist ein Diagnostiker menschlicher Leiden, nicht etwa ein Therapeut. Das soll heißen: Befunde hat er zu bieten, nicht Lösungen. In seinem *Tagebuch* bekennt er sich zu dem Ibsen-Wort: »Zu fragen bin ich da, nicht zu antworten.«

Obwohl er es nicht anstrebt, suggerieren seine Fragen oft die Antworten. Der sich selbst prüfende Beobachter fungiert unversehens als mahnender Pädagoge. In einer Vorbemerkung zum *Tagebuch* sagt Frisch, sein »Schreibrecht« könne »nur in seiner Zeitgenossenschaft begründet sein«. Die Gestalt des Autors dient hier tatsächlich als Modellfigur, die scheinbare Introversion erweist sich als Auseinandersetzung mit der Epoche, der Autoporträtist entpuppt sich als Gesellschaftskritiker.

Wie wird nun Frischs Suche nach den »Kontinenten der eigenen Seele« sichtbar? Im *Don Juan*, gewiß nicht dem bedeutendsten, wohl aber dem an persönlichen Bekenntnissen reichsten Stück Frischs, sagt der Bischof: »Wahrheit läßt sich nicht zeigen, nur erfinden.« Und in einer 1960 geschriebenen Skizze mit dem Titel *Geschichten* erklärt Frisch: »Vielleicht gibt es kein anderes Mittel, um Erfahrungen auszudrücken, als das Erzählen von Vorfällen, also von Geschichten: als wäre es die Geschichte, aus der unsere Erfahrung hervorgegangen ist. Es ist umgekehrt, glaube ich. Was hervorgeht, sind die Geschichten: Die Erfahrung will sich lesbar machen; sie erfindet sich ihren Anlaß. Und daher erfindet sie mit Vorliebe eine Vergangenheit... Geschichten sind Entwürfe in die Vergangenheit zurück, Spiele der Einbildung, die wir als Wirklichkeit ausgeben.«[2]

Um seine Erfahrung greifbar und lesbar zu machen, um sie zu veranschaulichen, läßt Frisch reale und mitunter sehr durchschnittliche Menschen in ungewöhnliche und extreme, ja auch phantastische Situationen geraten. Die Handlungen seiner Stücke und Romane sind in der Regel höchst unwahrscheinlich und sollen es auch sein. Ist es denkbar, daß sich ein normaler Mensch wie Stiller verhält? Wer kann schon an die Geschichte des Fabrikanten Biedermann glauben, der die Brandstifter zu sich eingeladen hat?

Wie Brecht seine Gestalten und Konflikte verfremdete, indem er für sie meist ferne Länder oder Epochen als Hintergrund wählte, braucht Frisch die bisweilen sogar provozierend unwahrscheinliche und daher verfremdend wirkende Fabel. Alle seine Stücke – von der Romanze *Santa Cruz* (1944) bis zum Drama *Andorra* (1961) – sind moderne Märchen und erfundene Legenden. Und das gilt auch für die Grundrisse seiner Romane: In einem unwahrscheinlichen Rahmen bietet er eine Fülle von wahrscheinlichen Einzelheiten. Mehr noch: offenbar kann er sich nur in einem solchen Rahmen der Wahrheit unserer Tage nähern, ihre Wirklichkeit in Sinnbildern verdeutlichen.

Zugleich aber wird in Frischs ebenso realistischer wie phantastischer Welt auch ein ganz anderes Element spürbar, auf das er gelegentlich selber hingewiesen hat: der naive Spieltrieb. Ein essayistisches Nachwort mit zahlreichen Kommentaren zu seinem *Don Juan* beendet Frisch nicht ohne Ironie: »Natürlich sind es nicht diese (nachträglichen) Gedanken gewesen, die den Verfasser bewogen haben, das vorliegende Theaterstück zu schreiben – sondern die Lust, ein Theaterstück zu schreiben.«[3]

In der Tat ist der leidende Mitwisser und Diagnostiker auch ein urwüchsiger Spaßmacher, der raffinierte Psychologe – auch ein naiver Geschichtenerzähler, ein temperamentvoller Fabulierer, dem es Freude bereitet, von unerhörten Begebenheiten und wunderlichen Geschehnissen zu berichten. Die Schalkhaftigkeit Stillers, der seinen biederen Gefängniswärter zum besten hält und der ihm allerlei vorflunkert, scheint dem Autor des Romans zumindest nicht fremd zu sein.

Die Themen und Motive seiner beiden erzählenden Bücher der vierziger Jahre, die Bilder und Konflikte der frühen Stücke, die im *Tagebuch* essayistisch behandelten oder parabolisch ausgedrückten Ideen und Fragen – sie alle tauchen im *Stiller* (1954) wieder auf: zusammengefaßt und in ein neues Licht gerückt, entfaltet und abgewandelt, vertieft und gesteigert. Und mitunter werden diese

Themen und Motive relativiert, ironisiert und auch ad absurdum geführt.

Vom *Stiller* her gesehen, sind *Die Schwierigen* und die Traumerzählungen *Bin oder Die Reise nach Peking* (1945) kaum mehr als Vorübungen. Ein junger Schriftsteller, noch befangen im Netz vielfacher literarischer Einflüsse – von der deutschen Romantik über Keller und Dostojewski bis zu Proust und Thomas Mann –, tastet sich an seine Problematik heran: das etwa ist der Eindruck, den beide Bücher, *Die Schwierigen* zumal, bei dem heutigen Leser hinterlassen. Die Selbstverwirklichung des Individuums – das Thema des *Stiller* – ist auch das Thema dieser beiden epischen Arbeiten.

In den *Schwierigen* ist es also der Maler Jürg Reinhart, ein von Unruhe getriebener, von Skrupeln und Hemmungen gequälter Geist, der die ihm gemäße Daseinsform sucht, der nach Identität mit sich selbst strebt. Nach mannigfaltigen Abenteuern entschließt er sich – wie später auch Stiller –, alle Brücken hinter sich abzureißen, seinen Namen aufzugeben, seine Vergangenheit zu verleugnen. Allein, sein Versuch der Selbstverwirklichung, der im Grunde ein Versuch der Selbstverteidigung ist, mißlingt. Er hält sich – wie auch Stiller – für einen »Halbling«, für einen Versager und glaubt, er könne dem Leben nur dienen, »indem er sich selber wegnimmt, sobald er mit sich selbst im Reinen ist«. Sein Leben sei jedoch nicht umsonst gewesen, denn er habe begriffen, »daß ein einzelnes Dasein nicht ausreicht, um so etwas wie ein ganzer Mensch zu werden. Geschlechter müssen es machen, es mindestens versuchen«.

Es fällt schwer, diesem Fazit Originalität nachzusagen. So wird es aber auch in den Romanen und Stücken des reifen Frisch bleiben: Wir werden zu Wanderungen eingeladen, die sich als faszinierend erweisen, jedoch zu Gemeinplätzen führen. Oft ist also die Fragestellung unvergeßlich und auch die epische oder dramatische Suche nach der Auflösung, während die Auflösung selbst mitunter in bedenklicher Weise auf eine Binsenwahrheit hinausläuft. Daher sind die Schlußkapitel seiner Romane enttäuschend und – wie Joachim Kaiser betonte – »nahezu kraft- und wirkungslos«. Es seien – meinte Kaiser mit Recht – »Rezepte und Tendenzen«, die »nicht über die Legitimation des ›quod erat demonstrandum‹ verfügen«.[4] Der Weg, an dessen Endpunkt sich jene, gelinde gesagt, wenig frappierende Aussicht eröffnet, scheint hier, in den *Schwierigen*, noch dem klassischen Entwicklungsroman nachgezeichnet zu sein: Jürg Reinhart, ein Vorfahre des Anatol Ludwig Stiller, ist auch ein später Nachfahre des Kellerschen grünen Heinrich. Was der Autor zu sagen hat, soll sich aus der Konfrontation der im Mittelpunkt stehenden Figur mit der Welt ergeben. Im *Stiller* hingegen wird die Konfrontation des Helden mit sich selbst angestrebt.

Der Mensch in der Untersuchungshaft – das ist die Grundsituation des Romans, die sinnbildliche ebenso wie die reale. Denn der Bildhauer Anatol Ludwig Stiller aus Zürich, der seit 1946 als verschollen gilt und der nun, nach sechs Jahren, in seine Heimat zurückgekehrt ist, befindet sich tatsächlich in Untersuchungshaft, weil gegen ihn irgendein Verdacht besteht. Da er bestreitet, Stiller zu sein, muß seine Identität nachgewiesen, also die Wahrheit über seine Person ermittelt werden. Das ist der Ausgangspunkt der Handlung.

Aber läßt sich die Wahrheit eines Daseins feststellen? Ist nicht die subjektive Wirklichkeit eines menschlichen Lebens maßgebender als die objektive, falls eine solche überhaupt existiert? In *Bin oder Die Reise nach Peking* heißt es: »Wenn wir nicht wissen, wie die Dinge des Lebens zusammenhängen, so sagen wir immer: zuerst, dann, später. Der Ort im Kalender! Ein anderes wäre natürlich der Ort in unserem Herzen, und dort können Dinge, die Jahrtausende auseinanderliegen, zusammengehören, sich gar am nächsten sein... Man müßte erzählen können, so wie man wirklich erlebt... Ich fühlte nur öfter und öfter, daß die Zeit, die unser Erleben nach Stunden erfaßt, nicht stimmt; sie ist eine ordnende Täuschung des Verstandes, ein zwanghaftes Bild, dem durchaus keine seelische Wirklichkeit entspricht.«

Formuliert ist hier die Kernfrage des Romans *Stiller*: die Diskrepanz zwischen der meßbaren, der objektiven Zeit und der vom Individuum empfundenen und erlebten, der subjektiven Zeit – und somit die Diskrepanz zwischen der objektiven und der subjektiven Wirklichkeit. Für den Häftling Stiller, der in der Zelle über sein Leben meditiert, verdichtet sich diese Frage vor allem zur Divergenz zwischen der objektiven und der subjektiven Identität des Menschen – zwischen dem, was er zu sein scheint, und dem, was er ist, dem, wofür er von der Welt gehalten wird, und dem, was er selber zu sein glaubt.

Im *Tagebuch* erzählt Frisch die dem Stück *Andorra* zugrunde liegende Geschichte von dem jungen Mann, den

man für einen Juden hielt und den daher überall ein ferti-
ges Bildnis seiner Person erwartete – jenes nämlich, das
sich die Menschen seiner Umgebung von den Juden mach-
ten. An die Parabel knüpft Frisch die Bemerkung: »Du
sollst dir kein Bildnis machen, heißt es, von Gott. Es dürfte
auch in diesem Sinne gelten: Gott als das Lebendige in jedem Menschen, das, was nicht erfaßbar ist.«

Die Metapher von der Rolle, die einem Menschen im Leben aufgedrängt wird, hatte Frisch in dem Märchen *Bin
oder Die Reise nach Peking* wörtlich genommen: Der Ich-
Erzähler trägt unter dem Arm eine Rolle, die er loswerden
möchte. Er sehnt sich nach dem unerreichbaren Peking – so
heißt sein Orplid –, denn eine »Rolle, die man in Peking
stehen ließe, wäre für immer verloren ... Ohne sie, glaube
ich immer, wäre ich selig gewesen«. Auch Stiller meinte,
überall einem fertigen Bildnis zu begegnen, das sich die
Menschen seiner Umgebung von ihm gemacht hatten. Auch
Stiller wollte sich seiner Rolle entledigen. Ist das der wahre
Grund, der ihn zur Flucht vor seiner Frau und zum Aus-
bruch aus seinem Milieu und seiner Heimat veranlaßt hat?

Eine philosophische Interpretation der Wendepunkte in
der Biographie Stillers, die wohl als existentielle Entschei-
dungen aufgefaßt werden sollten, wird in dem Roman
mehrfach angedeutet, vor allem aber durch die beiden
Mottos suggeriert, die Kierkegaards Schrift *Entweder-
Oder* entnommen sind. Dem ersten zufolge ist es für den
Menschen so schwer, »sich selbst zu wählen«, weil durch
diese Wahl »jede Möglichkeit, etwas anderes zu werden,
vielmehr sich in etwas anderes umzudichten, unbedingt
ausgeschlossen« werde. Das andere Motto lautet: »Indem

die Leidenschaft der Freiheit in ihm erwacht (und sie erwacht in der Wahl, wie sie sich in der Wahl selber voraussetzt), wählt er sich selbst und kämpft um diesen Besitz als um seine Seligkeit, und das ist seine Seligkeit.«

Aber haben wir es bei Stillers Flucht und seiner späteren Behauptung, er sei nicht Stiller, tatsächlich mit der Suche eines Menschen nach seiner Identität zu tun? Und erwacht gar in ihm »die Leidenschaft der Freiheit«? Vielleicht ist es richtiger, sich an eine Stelle im Roman zu halten, die als beiläufige, in Klammern gesetzte Bemerkung getarnt ist. Stiller erinnert sich, in einer Kirche in Amerika ein schwarzhäutiges Mädchen gesehen zu haben, dessen Hals weiß gepudert war. Es folgt ein eingeklammerter Satz: »Ach, diese Sehnsucht, weiß zu sein, und diese Sehnsucht, glattes Haar zu haben, und diese lebenslängliche Bemühung, anders zu sein, als man erschaffen ist, diese große Schwierigkeit, sich selbst einmal anzunehmen, ich kannte sie und sah nur eine eigene Not einmal von außen, sah die Absurdität unserer Sehnsucht, anders sein zu wollen, als man ist!«

Also nicht mehr das Streben eines Menschen nach Identität mit sich selbst, sondern lediglich sein dunkler Drang, »anders sein zu wollen«? Der Begriff »Selbstannahme« wird zum Schlüsselwort des Romans. Um das Verhalten seines Stiller zu erklären, legt Frisch letztlich einer der auftretenden Gestalten, dem Staatsanwalt, eine psychologische Abhandlung in den Mund. Er geht davon aus, daß die meisten Menschenleben durch »Selbstüberforderung« vernichtet werden. Dies habe wiederum zur Folge: »Selbstbelügung«, »Selbstentfremdung« und »Angst vor

Selbstverwirklichung«. Das Fazit heißt: »Es braucht die
höchste Lebenskraft, um sich selbst anzunehmen... In der
Forderung, man solle seinen Nächsten lieben wie sich
selbst, ist es als Selbstverständlichkeit enthalten, daß einer
sich selbst liebe, sich selbst annehme, so wie er erschaffen
worden ist.«

Durch die Anwendung dieser Anschauungen auf den
Fall Stiller schrumpft die philosophische Konzeption des
Romans auf eine nicht eben originelle psychologische
These zusammen. Denn Stillers Flucht aus seinem ganzen
Lebensbereich kann somit eigentlich nur als der Schritt
eines Verzweifelten gelten, der als Revolutionär und
Künstler, als Ehemann und Liebhaber versagt hat und von
Selbstüberforderung zugrunde gerichtet wurde. Nicht als
Revolte gegen ein individuelles Schicksal erscheint seine
Flucht, nicht als Protest gegen seine Existenz, vielmehr als
Kapitulation eines Menschen, der von Minderwertigkeits-
komplexen gequält wurde und sich daher mit sich selbst
nicht abfinden konnte, als Zusammenbruch einer Persön-
lichkeit.

Auch die Frage, auf der der ganze Roman basiert –
warum nämlich Stiller sich nach seiner Rückkehr aus
Amerika weigert, seine Identität anzuerkennen –, wird
schließlich nur mit einer biographischen Enthüllung be-
antwortet. Er wollte Selbstmord begehen und glaubt, der
mißlungene Versuch habe seine totale Verwandlung be-
wirkt: »Es blieb mir die Erinnerung an eine ungeheure
Freiheit: Alles hing von mir ab... Ich hatte die bestimmte
Empfindung, jetzt erst geboren worden zu sein, und ich
fühlte mich... bereit, niemand anders zu sein als der

Mensch, als der ich eben geboren worden bin...« Daher meint er, moralisch zu der Behauptung berechtigt zu sein, er sei nie Stiller gewesen und habe auch mit einem Mann dieses Namens nichts gemeinsam. Ein trotziger Akt der Freiheit eines wählenden und sich entscheidenden Individuums ist dies gewiß nicht – wohl eher der naive Versuch eines gescheiterten Menschen, sich den Bindungen des Lebens und der Verantwortung für sein bisheriges Dasein zu entziehen.

Die fragwürdige Konzeption des Romans hat zur Folge, daß der Held dank der hartnäckigen und geduldigen Bemühungen der Justiz und seiner Freunde schließlich zu Einsichten kommt, die von Banalitäten und Gemeinplätzen nicht weit entfernt sind. Während er ursprünglich glaubt, er werde, wenn er zugibt, Stiller zu sein, eine Rolle spielen müssen, begreift er, daß es umgekehrt ist: Indem er sich weigert, sich zu sich selbst zu bekennen, spielt er eine Rolle, denn er flüchtet in eine recht primitive Verstellung. Er erkennt, daß man sich selbst nicht entgehen und sich von seiner Vergangenheit nicht lossagen kann, daß eine Verwandlung des Individuums nicht möglich ist, daß der Mensch sich also zu sich selbst bekennen, sein einmaliges Leben »annehmen« muß. Max Frisch liebt es, in den Schlußteilen seiner Werke Türen einzurennen, die nie verschlossen waren, Thesen zu verkünden, die nie angezweifelt wurden.

Mag jedoch die philosophische Idee des Romans fragwürdig sein, mag der epische Grundriß den Eindruck eines mühselig ausgeklügelten Konstruktionsschemas erwecken – *Stiller* gehört doch zu den Höhepunkten der deutschen

Prosa nach 1945. Ermöglicht wurde dies durch die formale Konzeption des Buches. 1946 meinte Frisch (im *Tagebuch*), »daß ein spätes Geschlecht, wie wir es vermutlich sind, besonders der Skizze bedarf«. Er sprach von der »Vorliebe für das Fragment«, von der »Auflösung überlieferter Einheiten« und von der »schmerzlichen oder neckischen Betonung des Unvollendeten«. Die Skizze sei »Ausdruck eines Weltbildes, das sich nicht mehr schließt oder noch nicht schließt«, und zeuge von »Scheu vor einer förmlichen Ganzheit, die der geistigen vorauseilt und nur Entlehnung sein kann«. Dies trifft auch auf den Roman *Stiller* zu.

Ist der Mann, der nicht Stiller sein will, ein reales Individuum? Oder haben wir es mit einer aus verschiedenen (oft heterogenen) Elementen zusammengesetzten Modellfigur zu tun? Mitunter entsteht sogar der Eindruck, es handle sich hier um einen Sammelnamen, der mehrere Gestalten und mannigfaltige Lebensbereiche zusammenfaßt. So scheint auch das Buch mit dem Titel *Stiller* letztlich eine Art Sammelwerk zu sein – in dieser Hinsicht vergleichbar mit dem *Tagebuch 1946–1949*, als dessen Fortsetzung auf anderer Ebene und mit teilweise anderen Mitteln es gelten kann. Aus Scheu vor jener »förmlichen Ganzheit«, die »nur Entlehnung« wäre, hat Frisch den *Stiller* aus zahlreichen Einzelstücken komponiert und das Unvollendete, ja das Bruchstückhafte vieler Kapitel und Abschnitte nachdrücklich betont.

Alle Ausdrucksmittel der Prosa werden hier erprobt: *Stiller* enthält epische Partien, dramatische Szenen, lyrische Elemente, Parabeln, Märchen und Anekdoten, novel-

listische Einschübe, Tagebuchaufzeichnungen, Medita-
tionen und Aphorismen, essayistische Abhandlungen und
Reportagen. Der Variabilität der formalen Mittel entspricht der ständige, meist sprunghafte Wechsel der Per-
spektiven und Zeitebenen. Vergangenheit und Gegenwart
durchdringen einander unaufhörlich, wobei die Vergangenheit in Nahaufnahmen, die Gegenwart hingegen aus
der Perspektive des Zurückgekehrten gezeigt wird. Die
Fremde wird vertraut gemacht und die vertraute Heimat
verfremdet. Stillers Erinnerungen werden durch die vom
Gericht angeordneten Gegenüberstellungen mit den Stät-
ten seines einstigen Lebens ergänzt. Neben seinen Begegnungen mit den Menschen von früher stehen die Berichte
eben dieser Menschen über seine Vergangenheit, die er
selber aufzeichnet und erläutert. Neben essayistischen
Erörterungen und publizistischen Seitenhieben stehen
jene in sich geschlossenen Geschichten, die Stiller und
auch der Staatsanwalt erzählen und die nichts anderes sind
als parabolische Kommentare zu den behandelten Fragen.

Das alles ergibt jedoch nicht etwa die Rekonstruktion
der Biographie eines Mannes namens Stiller – im Gegenteil: je mehr wir über ihn erfahren, desto unklarer wird sein
Porträt. Das Resultat ist eher ein skizzenhaftes, unvoll-
kommenes, bruchstückhaftes, aber eben darum wahrhafti-
ges Bild des Lebens der Intellektuellen in der Jahrhundertmitte.

Im *Tagebuch* heißt es einmal: »Man gibt Aussagen, die
nie unser eigentliches Erlebnis enthalten, das unsagbar
bleibt; sie können es nur umgrenzen, möglichst nahe und
genau, und das Eigentliche, das Unsagbare, erscheint be-

stenfalls als Spannung zwischen diesen Aussagen.« Und im *Stiller* bekennt Frisch: »Je genauer man sich auszusprechen vermöchte, um so reiner erschiene das Unaussprechliche, das heißt die Wirklichkeit, die den Schreiber bedrängt und bewegt.«

In diesem Sinne haben die einzelnen Teile des Buches mit einem Zeitpanorama, das auch nicht angestrebt war, nichts gemein. Hingegen lassen sie die Eigenarten des Menschen der Jahrhundertmitte erkennen. Sein Lebensgefühl und Weltempfinden werden angedeutet und umgrenzt: Das Unsagbare, also jene uns bedrängende und bewegende Wirklichkeit, läßt sich als Spannung zwischen diesen Aussagen ahnen.

Der Eindruck der Wahrhaftigkeit und Zeitnähe, der sogar die Künstlichkeit mancher wichtiger Handlungsmomente und Grundsituationen zu entkräften vermag, wird durch Frischs Sprache gesteigert. Das auffälligste Merkmal seiner Diktion ist ihre absolute Unauffälligkeit. Diese Sprache bleibt immer Mittel zum Zweck, will nicht mehr und nicht weniger sein als ein präzises Instrument. Werner Weber sagt über Frischs Stil: »Er... erlangt das Schöne, indem er an Kunst weniger tut, als er vermöchte – aus dem Bedenken heraus, das Wort selber presse der Sache eine Maske auf, statt daß es die Sache melde... Max Frisch verfügt über das lockend-gleichgültige Wort, und manchmal treibt er es darin bis zum Anschein der Hilflosigkeit...«[5]

Es klingt wie eine kokette Provokation, wenn Frischs beredter Statthalter, der Anatol Ludwig Stiller, kurzerhand erklärt: »Ich habe keine Sprache für meine Wirklichkeit.« Der unsagbaren Wirklichkeit spürt Frisch vor allem im

29

psychologischen Bereich nach. Es erweist sich, daß seine Männer – und das gilt auch für *Die Schwierigen* und den *Homo Faber* – nicht unbedingt gelungene, mitunter offensichtlich simplifizierte Modellfiguren sind, während seine weiblichen Gestalten überzeugender wirken und auf größere künstlerische Sensibilität schließen lassen. Stillers frühere Geliebte und, in noch höherem Maße, seine Frau Julika sind gleich nach Erscheinen des Romans als Kabinettstücke der Epik gerühmt worden – und das mit Recht.

Dennoch kann gesagt werden, daß Frisch am originellsten nicht in den Analysen und Porträts einzelner Gestalten ist, sondern in der Darstellung der zwischen ihnen bestehenden Beziehungen. Hierbei liebt er das Spiel mit vertauschten Rollen und die Umkehrung, die die Phänomene relativiert. Rolf war einst Stillers Opfer und ist nun sein Ankläger. Aber der amtliche Ankläger entpuppt sich als Freund, während der offizielle Verteidiger sich fast als heimlicher Feind erweist. Sibylle, die Stiller einst geliebt hat, erscheint ihm jetzt fremd, aber in Julika, die ihm einst fremd war, verliebt er sich nun.

Die erotischen Kapitel – das sind die Kernstücke des Romans, die vom wunderlichen Rahmen des Ganzen im Grunde unabhängig bleiben. Nicht Liebe scheint die Beziehungen zwischen den Helden Frischs zu bestimmen, es dominieren eher Hemmungen und Skrupel, Komplexe und Konventionen, Schuldgefühle und Gewissensbisse. »Liebe ist für ihn der Ort«, schreibt Werner Weber über Frisch, »an dem das Gegenüber nicht sein muß, was wir meinen und gern hätten, daß es sei. Wenn er Liebe sagt, rasselt keine Zugbrücke nieder zwischen dem Ich und dem

Du; es kommt nur zu einem geduldigen Grüßen über den Graben hin...«[6]

Für die Tänzerin Julika bleibt das Ballett »die einzige Möglichkeit ihrer Wollust«. Stiller lebt stets mit dem Bewußtsein, ein Versager zu sein. Hierauf vornehmlich stützt sich die psychologische Interpretation dieser Beziehung, die in allen Phasen von der erwachenden Leidenschaft über die Eifersucht bis zur gänzlichen Entfremdung angeregt und beeinflußt, gefährdet und überschattet wird von einem einzigen Gefühl: »Sie brauchten einander von ihrer Angst her. Ob zu Recht oder Unrecht, jedenfalls hatte die schöne Julika eine heimliche Angst, keine Frau zu sein. Und auch Stiller, scheint es, stand damals unter einer steten Angst, in irgendeinem Sinne nicht zu genügen.«

Ein Teil der Geschichte Julikas spielt in einem Lungensanatorium in Davos. Dies mutet kühn und vermessen an. Und in der Tat weicht Frisch der sich aufdrängenden Analogie nicht aus, ja er betont sie sogar, indem er einmal sagt: »Es ist genau so, wie Thomas Mann es beschrieben hat.« Die Schilderung des Sanatoriums, einzelne Episoden aus dem täglichen Leben der Patienten, Julias Flirt mit einem Studenten, der sie in verschiedene Wissensgebiete einführt und ihr eine Röntgenaufnahme erklärt, auf der, wie sich herausstellt, ihr eigener Körper durchleuchtet ist – diese und andere, mitunter in Nebensätzen versteckte Motive erweisen sich als respektvolle Paraphrasen des *Zauberberg*. Daß hier eine Huldigung gelang, die vom gewaltigen Vorbild nicht erdrückt wird, sondern als eigene unverwechselbare Leistung Frischs bestehen kann – schon das allein legitimiert seinen schriftstellerischen Rang.

Wie zu *Stiller* führen auch zu dem Roman *Homo Faber* (1957) die Fäden von den *Schwierigen*: Denn schon in dem Jugendwerk ist in der Gestalt des Archäologen Hinkelmann die Figur des sachlichen Menschen vorgezeichnet, dessen Leben von Arbeit und Erfolg ausgefüllt, jedoch von den »Gewittern aus dem Unberechenbaren« bedroht wird. In einem gewissen Sinne kann *Homo Faber* als die Umkehrung von *Stiller* gelten. Die Welt hat sich ein Bildnis von Stiller gemacht – und Anatol Stiller widersetzt sich ihm. Der Ingenieur Walter Faber hat sich ein Bild vom Leben gemacht – und das Leben zerstört es. Die Grundidee des Romans beruht auf der Konfrontation eines reifen Menschen, dessen Anschauungen längst geprägt sind, mit einer Realität, die sie widerlegt und kompromittiert. Was Frisch demonstriert, kann streckenweise mit einem naturwissenschaftlichen Experiment verglichen werden.

Die im Mittelpunkt stehende Gestalt wird bewußt vereinfacht und – soweit nur möglich – auf diejenigen Eigenschaften reduziert, die für das Experiment notwendig sind. Diesem einseitigen Porträt entspricht eine Handlung, die sich im wesentlichen ebenfalls auf derartige Elemente beschränkt, die geeignet sind, die Zentralfigur und ihr Weltbild zu kompromittieren. Frisch erinnert an einen Bakterienforscher, der Bakterien, die er zu diesem Zweck gezüchtet hat, Einflüssen aussetzt, die es in der Natur eigentlich nicht gibt. Durch die Künstlichkeit sowohl der Bakterien als auch der Einflüsse brauchen die Ergebnisse des Experiments keineswegs entwertet zu werden. Aber was sind das für Ergebnisse, was geht aus ihnen hervor? Ist das Experiment überhaupt sinnvoll gewesen?

Faber, ein Mann der exakten Wissenschaften, Sachwalter eines extremen Rationalismus, ist überzeugt, alles im Leben lasse sich messen, wiegen und berechnen, fotografieren oder auf dem Tonband festhalten. Sein Hauptrequisit ist die Filmkamera, sein Credo: »Ich glaube nicht an Fügung und Schicksal, als Techniker bin ich gewohnt, mit den Formeln der Wahrscheinlichkeit zu rechnen... Ich brauche, um das Unwahrscheinliche als Erfahrungstatsache gelten zu lassen, keinerlei Mystik; Mathematik genügt mir.« Stimmungen und Gefühle hält er für Ermüdungserscheinungen und meint, »die Dinge zu sehen, wie sie sind«. Ihm bereitet die Beantwortung der Frage »Wer bin ich?« nicht die geringste Schwierigkeit: »Ich bin nun einmal der Typ, der mit beiden Füßen auf der Erde steht.«

Allein, eine Reihe von Ereignissen, zusammengedrängt auf einige Wochen, zwingt Faber zu der Einsicht, daß sich das Leben nicht berechnen läßt, daß er die Dinge eben nicht sieht, wie sie sind, und keineswegs mit beiden Füßen auf der Erde steht. Von Amerika über Frankreich und Italien nach Griechenland führt sein Weg zur Erkenntnis und zugleich zum Untergang. Im Land der Technik schien ihm das Dasein einer makellosen mathematischen Gleichung zu ähneln. In Frankreich verleiht ein Liebesabenteuer seinem Leben jenen Reiz, der sich der Berechnung entzieht. In Italien läßt ihn die große Liebe den tragischen Konflikt ahnen. In Griechenland greift das Schicksal in sein Leben mit der Grausamkeit der antiken Götter ein. Dort erfährt er, daß er seine eigene Tochter verführt hat, dort verschuldet er auch ihren Tod. Nun bricht er zusammen, und die Angst, die er mit makelloser Logik und mit Mathematik gebannt zu haben glaubte, jagt ihn von Ort zu Ort. Er möchte in seine Wohnung gehen, doch es stellt sich heraus, daß er den Schlüssel verloren hat.

Dem Leser, der Frischs Absicht noch nicht verstanden haben sollte, wird damit menschenfreundlich auf die Beine geholfen. Aber bekanntlich muß man etwas besitzen, um es verlieren zu können. Hat Faber je diesen symbolbeladenen Schlüssel besessen? Stand er nicht immer schon vor den Türen des Lebens wie jetzt vor der Tür seiner verschlossenen Wohnung? Zu einfach hat sich Frisch seine Kritik des praktischen Denkens gemacht, indem er zu ihrem Vertreter einen so simplen Mann wählte. Denn dieser Ingenieur Faber, der Bauten für »unterentwickelte Völker« errichtet, ist selbst ein unterentwickeltes Individuum. Gleich am Anfang wird seine innere Leere und Haltlosigkeit offenbar, die Primitivität seines Lebensgefühls und die Lächerlichkeit seiner Anschauungen. Nicht das Porträt eines Intellektuellen unserer Tage hat Frisch gezeichnet, sondern lediglich dessen mitunter allzu billige Karikatur.

Eine raffiniert konstruierte Handlung mit zahllosen ungeheuerlichen Zufällen, viele mythologische Motive und dramatische Effekte, ja eine ganze Schicksalstragödie von antiken Ausmaßen werden aufgeboten, um einen Mann zu kompromittieren, der von vornherein kompromittiert ist. Daher steuert auch dieser Roman mit bedauerlicher Konsequenz auf Binsenweisheiten zu: Es sei nicht richtig, »ohne Tod zu leben« und das Dasein »als bloße Addition« zu behandeln. Und Leben sei nicht Stoff und daher »nicht mit Technik zu bewältigen«.

34

Zum Unterschied von *Stiller* kann beim *Homo Faber* von Fragmentarischem nicht die Rede sein – nur daß die »förmliche Ganzheit« hier nicht von einer geistigen in genügendem Maße beglaubigt wird. Dies verursacht in dem Roman immer wieder eine eigentümliche Diskrepanz und Disproportion. Der oft deutlichen schriftstellerischen Bemühung und Kalkulation sind die intellektuellen Ergebnisse des Buches nicht ganz ebenbürtig. Daher lebt auch *Homo Faber* nicht dank, sondern trotz seiner epischen Konzeption: Obwohl in diesem Roman die einzelnen Szenen in einem viel engeren inneren Zusammenhang stehen als im *Stiller*, dokumentiert sich die künstlerische Kraft hier wiederum in den Episoden, zumal in jenem Teil, in dem Faber über seine Begegnung mit Sabeth berichtet. Aus knappen Mitteilungen, scheinbar sachlichen Konstatierungen, raschen Anspielungen, schamhaften Andeutungen und vielsagenden Aussparungen ergibt sich das Bild der Liebe eines alternden Mannes zu einem zwanzigjährigen Mädchen. Daß die mit wenigen Strichen vergegenwärtigte Sabeth just Fabers Tochter ist, spielt dabei zunächst jedenfalls keine entscheidende Rolle.

Reich an psychologischen Details und Finessen, zieht der Roman seine Kraft zugleich aus der Sprache, die Frisch für den Ich-Erzähler erfunden hat. Es ist eine Parodie des Stils der Geschäftsleute und Techniker von heute, ein kaltschnäuzig-bürokratischer Jargon, salopp und schnoddrig, gespickt mit komisch wirkenden und ironischen Abbreviaturen, die bisweilen auch von verblüffender Präzision zeugen. Fabers Sprache scheint eine Maske Frischs zu sein: Denn er liebt es, Lyrismen mit Frivolität zu tarnen,

Pathos durch Understatement zu mildern, Sentimentalität hinter kühler Sachlichkeit zu verbergen und seinen Moralismus mit Nonchalance zu maskieren.

Wie seine bedeutendsten Bühnenstücke rufen auch die beiden in den fünfziger Jahren geschriebenen Romane entschiedene Zustimmung, aber auch Zweifel und Widerspruch hervor. Nur Gleichgültigkeit scheint angesichts seiner Werke kaum denkbar zu sein. Forscht man nach den Gründen dieses Zustands, so wird man an einen Ausspruch Frischs im *Tagebuch* erinnert. Er forderte, »nicht zu dichten, was die Vorfahren gemäß ihrem Bewußtsein zur Poesie gebracht haben, sondern wirklich zu dichten, unsere Welt zu dichten«. Und mag manches fragwürdig bleiben – dies ist gewiß: In den Werken des leidenden Diagnostikers, des mitleidenden Anklägers Max Frisch, in diesen angstvollen Rufen aus dem Dschungel der Unsagbarkeiten, wird *unsere* Welt gedichtet.

1963

ENTWÜRFE ZU EINEM ICH

Über Max Frischs Roman *Mein Name sei Gantenbein*
brachte *Die Zeit* am 18. September 1964 eine gründliche
Abhandlung von Hans Mayer.[1] Wie nicht anders zu erwarten war, hatte Mayer Belehrendes und Bedeutendes zu sagen. Gegen Ende seiner ausführlichen Darlegungen ahnte
er jedoch die Ungeduld schlichter Leser, die sich zwar mit
einer Fülle von Zitaten und Vergleichen, Anmerkungen
und Verweisen beschert sahen, schließlich aber auch ein
Urteil hören wollten. So fragte denn Mayer rundheraus:
»Ist das ein guter oder ein schlechter Roman?« Allerdings
wurde uns die Freude über diese schöne Frage sofort ver-
gällt. Denn es folgte gleich eine nächste Frage, nämlich:
»Wie soll man antworten?«

Der Grundeinfall des Romans sei »tragfähig«. Allein,
Mayer fügt hinzu: »aber nur begrenzt tragfähig«. Und »begrenzt tragfähig« sei »wohl auch, nach dem *Stiller*, der Versuch, ein Leben der reinen Konsumtion, der bloßen geistigen Reproduktion, einen Alltag der wohlsituierten Wiederholung romanhaft zu gestalten«. Frisch sei – meint der
Kritiker – bei dem Versuch gescheitert, »den baren Alltag
in einer Welt darzustellen, wo die Beziehungen der Geschlechter gleichfalls zur bloßen Konsumtion geworden zu
sein scheinen«. Am Ende beschleiche den Leser ein
»flaues Gefühl«, das allerdings eine »notwendige Folge-
rung aus Max Frischs künstlerischem Grundplan« sein
könne. Welchem Grundplan? »Einen heutigen Homo lu-

39

dens im Zwiespalt zwischen Leben und Erzählen zu zeigen.« Dann heißt es: »Oder hat der Parasit Gantenbein schließlich, allen künstlerischen Absichten zum Trotz, im Roman über den Erzähler gesiegt? Und damit über Max Frisch?«

Die Frage – ein guter oder ein schlechter Roman? – bleibt unbeantwortet, der Leser wird mit einem Fragezeichen entlassen. Wer aber in der Kunst, Kritiken zu lesen, einigermaßen geübt ist, kann keinen Augenblick zweifeln, daß Hans Mayer den Roman, obwohl er ihn auch mit manchem lobenden Wort bedacht hat, skeptisch beurteilt und ihn, wenn nicht für ein geradezu schlechtes, so doch jedenfalls für ein enttäuschendes Buch hält.

Ich möchte, mit Verlaub, widersprechen. Dabei geht es mir in erster Linie nicht um die Wertung. Der eine mag den *Gantenbein* positiver, der andere negativer sehen. Dies wäre noch kein Grund zur Polemik. Aber Mayers Enttäuschung resultiert aus einer ganz bestimmten Interpretation des Romans, die wiederum im Zusammenhang mit der Deutung der Absichten seines Verfassers steht. Und eben diese Interpretation scheint mir anfechtbar. In seinem *Tagebuch* schrieb Frisch: »Man schneidet eine Kartoffel zurecht, bis sie wie eine Birne aussieht, dann beißt man hinein und empört sich in aller Öffentlichkeit, daß es nicht nach Birne schmeckt.«[2] Das ist, befürchte ich, auch hier geschehen, mit der Einschränkung freilich, daß Mayer sich nicht empört, sondern nur seine Unzufriedenheit durchblicken läßt.

Zunächst einmal: Kann man behaupten, Frisch habe versucht, »einen heutigen Homo ludens im Zwiespalt zwi-

schen Leben und Erzählen zu zeigen«? Mir fällt auf, daß
Mayer in seinen 1963 veröffentlichten (übrigens vorzüglichen) *Anmerkungen zu ›Stiller‹*[3] schon den Helden dieses Romans als einen »Homo ludens« bezeichnet hat. Ob
mit Recht, braucht hier nicht geklärt zu werden. Wer
aber, muß ich fragen, sollte in dem neuen Buch jener an-
gebliche »Homo ludens« eigentlich sein? Etwa der in nur
wenigen Szenen auftretende Ich-Erzähler? Oder Gantenbein?

Tatsächlich behandelt Mayer Gantenbein als einen
neuen Romanhelden Frischs, vergleichbar mit dem Bild-
hauer Anatol Ludwig Stiller und dem Ingenieur Walter
Faber. Dies indes scheint mir im Widerspruch zu der
Konzeption des ganzen Romans zu stehen. Natürlich hat
der Roman *Mein Name sei Gantenbein* mit *Stiller* und
Homo Faber manche Züge und Motive gemeinsam.
Wichtiger jedoch als alle Ähnlichkeiten und Gemeinsam-
keiten scheinen mir die Unterschiede. Frisch ist einige
Jahre älter geworden. Er hat sich gewandelt. Und gewan-
delt haben sich somit auch die Aufgaben, die er sich als
Romancier stellt, die Ziele, die er anstrebt.

Die Menschen haben sich ein Bildnis von der Person
des Anatol Stiller gemacht. Stiller widersetzt sich ihm.
Walter Faber hat sich ein Bild vom Leben gemacht. Das
Leben zerstört es. Stillers Flucht in eine andere Existenz
erweist sich als vergeblich. Fazit: Wir müssen uns zu uns
selbst bekennen. Fabers Rechnung geht nicht auf. Fazit:
Das Leben ist keine Gleichung. Hier wie da ergeben sich
diese Einsichten aus einer konkreten Romanhandlung.
Sie beruht in beiden Fällen auf der Konfrontation eines

41

Individuums mit einer Realität, die seine Bemühungen zunichte macht, seine Anschauungen kompromittiert. Im *Stiller* wie im *Homo Faber* haben wir also einen Helden im Mittelpunkt, eine eindeutige Fabel und eine philosophische Grundidee.

Aber diese Zentralgestalten sind zumindest fragwürdig, den Fabeln haftet der Makel einer mühsam ausgeklügelten Konstruktion an, die Grundideen nähern sich der Banalität. Beide Romane gehören zweifellos zu den wichtigsten Dokumenten der deutschen Literatur der fünfziger Jahre – jedoch nicht dank, sondern eher trotz ihrer epischen Konzeptionen. Denn in beiden Romanen manifestiert sich Frischs außerordentliche künstlerische Kraft vor allem in einzelnen Szenen, Episoden und Geschichten, die mit dem Ganzen jeweils nur lose zusammenhängen oder von ihm sogar unabhängig sind.

Was hat das alles mit dem *Gantenbein* zu tun? Insofern sehr viel, als dieser Roman im schärfsten Gegensatz zu den beiden vorangegangenen steht. Denn der *Gantenbein* kennt keinen gegen die Welt gestellten Helden mehr. Es gibt auch keine alles umfassende Fabel. Und ihm liegt keine philosophische Idee zugrunde. Man mag dies beklagen oder begrüßen – aber man muß es zuerst einmal klar erkennen. Wer diesem Buch mit Kategorien beizukommen sucht, die aus den früheren Romanen Frischs, zumal aus dem *Stiller*, abgeleitet sind, verkennt seinen Gegenstand, seine Eigenart, sein Klima. Das Thema des *Gantenbein* läßt sich nicht in philosophischen, ideologischen, soziologischen, kulturkritischen oder ästhetischen Kategorien erfassen. Und mögen wir uns auch daran gewöhnt haben,

Max Frisch als Moralisten zu betrachten – um moralische Fragen geht es in seinem neuen Roman ebenfalls nicht. Um welche also?

Ein Mann liebt eine Frau. Sie hat ihn verlassen. Er sitzt allein in der leeren Wohnung: »Von den Personen, die hier gelebt haben, steht fest: eine männlich, eine weiblich.« Das ist die Kernsituation des Buches, sein Anlaß und Ausgangspunkt, seine Basis und sein Leitmotiv. Dieser Mann, der Ich-Erzähler des *Gantenbein* also, will, nein, muß mitteilen, was er erfahren hat. Aber das ist unmöglich. Warum? Frisch antwortet mit einer Parabel. Ein Kranker erwacht aus einem Traum, ruft die Krankenschwester, steht nackt vor ihr und erklärt: »Ich bin Adam und Du bist Eva!« Da sie keinerlei Verständnis für ihn hat, flieht er splitternackt auf die Straße und rennt durch die Stadt, »ohne auf Verkehrszeichen zu achten«. Er wird von der Polizei wieder eingefangen.

In dem Roman heißt es: »Man kann ja nicht nackt durch die Welt gehen.« Also sucht der Ich-Erzähler Kleider, die seine Blöße bedecken könnten. Er probiert sie vor »verstellbaren Spiegeln« an. Anders ausgedrückt: Er sucht Geschichten, die sein Erlebnis verhüllen und zugleich doch verdeutlichen würden. Er probiert sie aus. Er macht seine Erfahrung erkennbar. Aber er weiß, daß man die Realität nicht vergegenwärtigt, indem man sie kopiert. In Frischs *Don Juan* steht der Satz: »Wahrheit läßt sich nicht zeigen, nur erfinden.« Und im *Tagebuch* bekannte er: »Man gibt Aussagen, die nie unser eigentliches Erlebnis enthalten, das unsagbar bleibt; sie können es nur umgrenzen, möglichst nahe und genau, und das Eigentliche, das Unsagbare, erscheint bestenfalls als Spannung zwischen den Aussagen.«[4]

Auch in dem Roman *Mein Name sei Gantenbein* ist jenes »eigentliche Erlebnis« nicht enthalten. Es bleibt unsagbar. Die der Wirklichkeit nachgebildeten und um der Wahrheit willen erfundenen Szenen und Episoden können und sollen es nur umgrenzen, »möglichst nahe und genau«. Es wird mit verstellbaren Spiegeln umgeben. Sie machen dieses »eigentliche Erlebnis« nicht sichtbar. Sie bewirken mehr: Sie machen es spürbar. Es erscheint als Spannung zwischen den Aussagen. Also zwischen den Geschichten.

Zwei Personen, eine männlich, eine weiblich – das ist das einzige Thema des Romans. Alles andere ergibt sich aus dem, was diese beiden Menschen verbindet oder trennt. Somit ein Liebespaar im Mittelpunkt? Keineswegs. Dieser Roman erzählt nicht von Adam und Eva heute, sondern letztlich nur von Adam. Aber wer ist hier Adam?

Die Helden der Romane *Stiller* und *Homo Faber* waren nicht reale Individuen, sondern Modellfiguren, Versuchspersonen, Demonstrationsobjekte. Den Mann namens Stiller hatte Frisch aus verschiedenen und bisweilen heterogenen Bestandteilen zusammengesetzt. Offenbar wurden mehrere Gestalten und mannigfaltige Lebensbereiche in eine einzige Romanfigur gepreßt. Im *Homo Faber* ist Frisch in umgekehrter Richtung gegangen: statt Expansion Reduktion der Hauptgestalt. So vielseitig der Bildhauer Stiller, so einseitig der Ingenieur Faber: Sein Porträt wurde bewußt vereinfacht und auf nur wenige Eigenschaften beschränkt. Stiller schien *mehr* als *ein* Mensch zu sein, Faber hingegen, der reduzierte Held, *weniger* als *ein*

Mensch. Auf diesem Weg hat Frisch jetzt den nächsten Schritt gewagt.

»Wir spielen alle; wer es weiß, ist klug«, heißt es in Arthur Schnitzlers Stück *Paracelsus*. Dem entspricht im *Gantenbein* die Feststellung: »Jedes Ich, das sich ausspricht, ist eine Rolle.« In Rollen sieht sich und äußert sich auch jener im verlassenen Zimmer sitzende Ich-Erzähler: in der Rolle des Kunsthistorikers Enderlin, der die Schauspielerin Lila verführt, in der Rolle des betrogenen Mannes dieser Lila, des von Eifersucht gepeinigten Architekten Svoboda, und schließlich in die Rolle des Theo Gantenbein.

Alle diese Rollen sind somit Variationen über dasselbe Thema und Projektionen desselben Grunderlebnisses, es sind – die Formulierung findet sich in dem Roman – »Entwürfe zu einem Ich«. Nicht immer ergänzen sie sich, ja sie schließen sich sogar teilweise gegenseitig aus (sowohl Svoboda als auch Gantenbein sind mit Lila verheiratet). Sie bestehen gleichzeitig nebeneinander als verschiedene Möglichkeiten, verschiedene epische Vorschläge. Nur ihre Summe macht die Erfahrung des Ich-Erzählers lesbar. Ein aufgesplitterter, ein dreigeteilter Adam also? Ja, aber dennoch entscheidet sich der Erzähler eindeutig für eine der drei Varianten: Schon der Titel kündet es an. Tatsächlich wird Gantenbein zur zentralen Person des Buches. Wer ist Gantenbein?

Der Roman beginnt mit der Montage seiner Figur. Auf einer Pariser Straße findet der Ich-Erzähler eine in Frage kommende Gestalt, auf einer New Yorker Straße ein in Frage kommendes Gesicht. Aber er setzt die Suche nicht fort, und was sie bisher ergeben hat, wird von ihm verworfen. Es wäre vielleicht für eine reale Figur geeignet, indes ist eine reale Figur für das, was der Ich-Erzähler plant, offenbar nicht brauchbar.

Für die Projektion seiner Erfahrung mit der Frau, die ihn verlassen hat, schafft er sich eine Gestalt ohne Gesicht, ohne Vergangenheit und ohne Familie, ohne Beruf und ohne Pflichten. Hatte Frisch Faber zu einem einseitig-primitiven Menschen gemacht, so geht er hier noch weit konsequenter vor: Denn von Gantenbein wissen wir nur, daß er Lila liebt und Blindheit vortäuscht. Er sieht, leidet und schweigt. Und er ist, was immer er wahrzunehmen gezwungen wird, bereit, weiter zu schweigen, um an der Seite der Frau zu bleiben, die er liebt.

Ein Parasit, der sich als armer Blinder aushalten läßt? Dies scheint mir nun doch ein Mißverständnis zu sein. Gantenbein läßt sich nicht moralisch beurteilen. Jedenfalls glaube ich, daß hier eine dreidimensionale, eine wirkliche menschliche Gestalt überhaupt nicht angestrebt war, sondern eher eine Art moderne Märchenfigur, gezeigt inmitten einer realistisch gezeichneten Umwelt. Gantenbeins gespielte Blindheit ermöglicht es Frisch, jene ungewöhnlichen und meist auch unwahrscheinlichen Situationen zu erfinden, für die er eine besondere und keineswegs bedauerliche Vorliebe hat. Wir sollten glauben, daß Stiller nicht Stiller sein wollte und sich dennoch gerade in das einzige Land der Welt begeben hat, in dem man ihn eben als Stiller kennt: in seine Heimat, die Schweiz. Aber es wird von uns nicht mehr erwartet, daß wir glauben, Gantenbein habe seine ganze Umgebung einschließlich seiner Frau zu überzeugen vermocht, er sei blind. Im Gegenteil: Der Autor wird nicht müde, immer wieder zu betonen, er stelle sich Gantenbein in den verschiedenen Situationen nur vor.

Wozu soll man sich mit dieser etwas kleinlich anmutenden Frage befassen, da es doch bei der Beurteilung epischer Kunstwerke nicht auf die Wahrscheinlichkeit ankommt, sondern auf die Wahrheit? Gewiß – nur daß es sich hier um eine Frage eben der künstlerischen Wahrheit handelt. Die Worte »Ich stelle mir vor« deuten fast ein ästhetisches Programm an.

Stiller und *Homo Faber* gehören zu den vielen belletristischen Büchern, die als Nicht-Belletristik, als Dokument maskiert sind. Der eine Roman besteht aus *Stillers Aufzeichnungen im Gefängnis* und dem *Nachwort des Staatsanwaltes*, der andere wieder aus Walter Fabers *Bericht* und seinem *Tagebuch.* So groß auch die Zahl der Meisterwerke der Literatur ist, in der diese Methode der Tarnung der Epik angewandt ist, sosehr erinnert sie mich meist an ein etwas naives Versteckspiel mit dem Leser. Hat es die epische Kunst nötig, ihre Eigenart zu verleugnen? Max Frisch jedenfalls verzichtet diesmal auf das traditionelle Täuschungsmanöver und bietet Fiktion als Fiktion und Epik als Epik. Dies scheint mir nicht nur aufrichtiger, sondern auch sinnvoller und zweckmäßiger zu sein.

Ähnliches gilt für die Komposition des Romans. Wie *Stiller* ist auch *Gantenbein* aus vielen Einzelstücken – Geschichten, Episoden, Szenen, Situationen – zusammengefügt. Nur wird dieser Umstand jetzt nicht mehr kaschiert: Keine alles einrahmende, überdachende und scheinbar auch ordnende Fabel schützt eine formale Ganzheit vor. Dennoch zerfällt der Roman nicht. Freilich werden die

47

einzelnen Bestandteile nicht nur durch das Thema und die Atmosphäre miteinander verbunden, sondern auch durch die streckenweise virtuos gezeichnete Gestalt Lilas, der Frau, deren Empfindungen und Gedanken wir nie kennen, die in verschiedenen Rollen auftritt und doch dieselbe bleibt und die wir stets nur mit den Augen jener sehen, die in sie verliebt sind.

Gerade weil Frisch hier einerseits nicht mit verstellter Stimme spricht und bei keiner »dokumentarischen« Lösung Zuflucht sucht, andererseits aber sich des Zwangs der einheitlichen, strukturierenden Fabel entledigt hat, konnte er sich – zumindest in vielen Teilen des Buches – besser denn je als Erzähler bewähren und damit noch einmal demonstrieren, daß das Erzählen, allen meist lächerlichen Theorien zum Trotz, heute ebenso möglich ist, wie es immer war.

In seinen früheren Romanen wollte Frisch in der Regel etwas verkünden, etwas beweisen, etwas widerlegen. Im *Gantenbein* will er nichts verkünden, nichts beweisen, nichts widerlegen. Hier werden nicht Erkenntnisse, Thesen und Ideen exemplifiziert, sondern Gefühle, Affekte und Leidenschaften vergegenwärtigt. Liebe, Erfüllung und Trennung, Alltag der Ehe und Ehebruch, Mißtrauen und Eifersucht, Einsamkeit, Sehnsucht und Verzweiflung des verlassenen Mannes, das sind die Motive dieses Buches.

Bevor jedoch Frisch Gantenbeins Ehe und Enderlins Verhältnis mit Lila entwirft, stellt er sich den Tod des einen wie des anderen vor. Ein meisterhafter Kunstgriff scheint mir dieser Prolog zu sein: Er deutet sofort die Grundstimmung des Romans an, er läßt seine Folie erkennen. Denn was auch von Glück und Enttäuschung, von Liebe und Eifersucht erzählt wird – das Bewußtsein der Vergänglichkeit des menschlichen Daseins bleibt immer evident, das Motiv des Alterns wird intoniert und variiert, die unentwegte Todesnähe bildet den Hintergrund. »Ich bin das Altern von Minute zu Minute«, sagt Enderlin.

Und eine der geheimen Schlüsselstellen des Buches lautet: »Langsam habe ich es satt, dieses Spiel, das ich nun kenne: handeln oder unterlassen, und in jedem Fall, ich weiß, ist es nur ein Teil meines Lebens, und den andern Teil muß ich mir vorstellen; Handlung und Unterlassung sind vertauschbar; manchmal handle ich bloß, weil die Unterlassung, genauso möglich, auch nichts daran ändert, daß die Zeit vergeht, daß ich älter werde ...«

Nur sollte man sich hüten, Frisch irgendeine philosophische Interpretation der Vergänglichkeit und des Todes zu unterstellen. Vornehmlich in emotionalen Kategorien sieht er diese Fragen, er nähert sich ihnen nicht etwa als Philosoph, sondern als Künstler und Psychologe. Er versucht die Folgen zu zeigen, die das Bewußtsein des Alterns und die Todesangst in der Psyche des Menschen bewirken. Frischs »Entwürfe zu einem Ich« sind jedoch nicht auf eine leere Wand projiziert, seine Geschichten spielen sich nicht in einem luftleeren Raum ab, sondern in einer realen und greifbaren Welt, in einem genau fixierbaren Milieu: unter wohlhabenden Künstlern und Intellektuellen. Das alltägliche Leben in diesen Kreisen wird in mehreren Szenen des Buches deutlich sichtbar.

Aber Hans Mayer hat, meine ich, nicht recht, wenn er

behauptet, Frisch habe »ein Leben der reinen Konsumtion« und »der bloßen geistigen Reproduktion« in einer
Welt zeigen wollen, in der sogar »die Beziehungen der Geschlechter gleichfalls zur bloßen Konsumtion geworden zu
sein scheinen«. Und dabei sei Frisch eben gescheitert. Es
ist gerade umgekehrt: Die Beziehungen der Geschlechter
werden in diesem Roman vor allem von Liebe bestimmt.
Weder dem Kunsthistoriker Enderlin noch dem Architekten Svoboda kann man »ein Leben der reinen Konsumtion« nachsagen.

Die »bloße geistige Reproduktion«, also die Wiederholung von Gefühls- und Verhaltensklischees statt der Indivi-
dualität, die Imitation der Literatur und der Illustrierten im
Alltag vieler Menschen – diese Fragen standen in manchen Abschnitten des *Stiller* im Vordergrund. Was jedoch
dort oft Selbstzweck war – also die unmittelbare Auseinandersetzung mit bestimmten Zeitphänomenen –, liefert hier
nur den Hintergrund für individuelle Schicksale oder,
richtiger gesagt, Schicksalsentwürfe. Nicht die Diskrepanz
zwischen dem gelebten und dem interpretierten Leben ist
das Problem des *Gantenbein*, und es kann nicht Frischs
»künstlerischer Grundplan« gewesen sein, »einen heutigen Homo ludens im Zwiespalt zwischen Leben und Erzählen zu zeigen«. Wenn es schon eine Formel sein soll,
dann schlage ich vor: die leidende Kreatur zwischen Liebe
und Tod.

Zum ersten Mal hat Frisch die Problematik eindeutig
ins Individuelle und Private verschoben. Daher schreibt er
im *Gantenbein*: »Manchmal scheint auch mir, daß jedes
Buch, so es sich nicht befaßt mit der Verhinderung des

Kriegs, mit der Schaffung einer besseren Gesellschaft und so weiter, sinnlos ist, müßig, unverantwortlich, langweilig, nicht wert, daß man es liest, unstatthaft. Es ist nicht die Zeit für Ich-Geschichten.« Aber Frisch fügt hinzu: »Und doch vollzieht sich das menschliche Leben oder verfehlt sich am einzelnen Ich, nirgends sonst.«

So erweisen sich Introversion, Privates und Individuelles letztlich doch wieder als Kritik unserer Zeit, unseres Daseins, unserer Gesellschaft. In diesem Sinne ist Max Frisch dem von ihm einst geforderten »Engagement an die Wahrhaftigkeit«[5] mit dem Roman *Mein Name sei Gantenbein* treu geblieben. Das Buch habe auch viele Schwächen, vor allem enthalte es eine Anzahl überflüssiger und störender Episoden? Ja, das ist richtig. Aber man zeige mir einen einzigen in deutscher Sprache nach 1945 geschriebenen Roman, auf den dies nicht zutrifft. Wie fragte Hans Mayer? »Ist das ein guter oder ein schlechter Roman?« Ich zögere nicht, zu antworten: ein guter Roman.

1964

ENGAGIERTE LITERATUR – WOZU?

Sobald in der Bundesrepublik vom Engagement der Literatur und von der Verantwortung des Schriftstellers gegenüber der Gesellschaft die Rede ist und somit auch von der Frage, ob die Kunst imstande sei, einen Einfluß auf den Lauf der Dinge auszuüben – macht sich eine Aggressivität und Gereiztheit bemerkbar, die jede sachliche Erörterung erschwert. Die Gegner der engagierten Literatur, die meist diesen Begriff mit ironischen Anführungsstrichen in Verruf bringen möchten, werfen ihren Gesprächspartnern gern vor, sie beabsichtigten der Kunst die Funktion etwa des Schulfunks aufzuzwingen und sie zum Vehikel für Propaganda zu erniedrigen. Die Mißverständnisse häufen sich und trüben, was ohnehin der Klarheit entbehrt; sie verwirren, was bereits verworren ist.

Höchst erfreulich also der Umstand, daß ein Mann wie Max Frisch in seiner im September 1964 anläßlich der Dramaturgentagung in Frankfurt am Main gehaltenen Rede[1] mit der ihm eigenen Unbefangenheit und Gelassenheit eben dieses Thema aufgegriffen und sich nicht geniert hat, Faktoren walten zu lassen, die hierzulande von manchen Pseudoavantgardisten nahezu als kunstfeindlich denunziert werden – ich meine Vernunft und Logik.

»Will ich, wenn ich Stücke schreibe, die Gesellschaft verändern?« – fragt Frisch und knüpft daran sogleich eine andere Frage: »Will ich es ... um der Gesellschaft oder um des Stückes willen?« Vielleicht strebe der Stückeschreiber

55

einen Einfluß auf die Gesellschaft nur deshalb an, weil das für ihn »die produktivere Position ist«? Wäre dann der Nonkonformismus, ohne unwahr sein zu müssen, lediglich »eine Geste zum Wohl unserer Arbeit«? Kommt also das Engagement in die Kunst, weil es dem Schriftsteller um die Welt geht? Oder kommt es in die Welt, weil es ihm um die Kunst geht? Frisch antwortet kurzerhand, dies habe jeder Autor für sich selbst zu klären. Somit läßt er beide Möglichkeiten gelten: Es entscheide also das Engagement, auf welche Motive es auch zurückzuführen sei.

Indes weicht er persönlich der grundsätzlichen Frage nicht aus, denn auf seine eigenen schriftstellerischen Bemühungen bezieht er die Antwort: »Wir brauchen unser Engagement für die Produktion.« Er bekennt: »Ich schreibe aus Bedürfnissen nicht der Gesellschaft, sondern meiner Person.« Welche Folgen ergeben sich daraus für die Situation des Schriftstellers? Kann eine solche Haltung etwa seine Verantwortung verringern? Hier ein Standpunkt, den Frisch anbietet: »Wir machen Theater aus Lust am Theater, nichts weiter, und Artisten, die wir sind, lassen wir uns vom Tag nicht verwirren, Kunst ist absolut, und was dann die Welt anfängt mit unserem Theater, sei ihre Sache, nicht unsere, und die Gesellschaft sei unser Stoff, nicht unser Partner, wir sind keine Volkserzieher, wir spielen aus Lust...«

Frisch erwidert jedoch: »Wir spielen in der Öffentlichkeit und werden diese Öffentlichkeit, die wir zu unserer Lust offenbar brauchen, nicht mehr ganz los... Die Öffentlichkeit meldet sich als Partner, ob ich das will oder nicht.« Gewiß, »eine Verantwortung des Schriftstellers gegenüber der Gesellschaft war nicht vorgesehen«, aber »sie pflegt sich einzuschleichen von einem gewissen Erfolg an«. Diese Verantwortlichkeit, mag es auch eine »nachträgliche« sein, kann der Schriftsteller nicht ignorieren, er müsse sich also Gedanken über »die mögliche Wirkung« seines Werkes machen.

Und wer meinen wollte, daß es, da es ursprünglich keine didaktische Absicht hatte, »deswegen ohne Folgen auf die Gesellschaft bleibe, wäre nicht naiv, sondern unrealistisch«. Die Arbeit des Schriftstellers »könnte zumindest einen verhängnisvollen Beitrag leisten, indem sie zur Untat aufstachelt oder einschläfert zur Zeit der Untat«. Geht es also im Grunde darum, daß die Literatur keinen »verhängnisvollen Beitrag« leistet? Nicht nur. Ohne Literatur – meint Frisch – »liefe die Welt vielleicht nicht anders, aber sie würde anders gesehen, nämlich so wie die jeweiligen Nutznießer sie gesehen haben möchten: nicht in Frage gestellt«.

Das also wäre die Aufgabe und das Ziel des Engagements: die Welt in Frage zu stellen. Literatur als Kritik des Lebens. Oder bescheidener formuliert: als Auseinandersetzung mit der Gegenwart, als Reaktion auf die Wirklichkeit. Wozu, in wessen Namen, zu wessen Gunsten? Nichts scheint mir gerade heute irriger als die Vermutung, die engagierte Literatur sei Werkzeug einer Ideologie oder bedeute Identifikation mit einer politischen Richtung, einer Weltanschauung, einer Partei, einem Programm. Womit also?

Eine Antwort auf diese Frage kann man in einer Ansprache von Hans Erich Nossack finden: »Wenn überhaupt von

einer Tragödie des Menschen gesprochen werden darf,
dann ist es die, daß sich seine Institutionen und Erfindungen immer wieder verselbständigen und ihn zu Material
machen. Gegen diese gefährliche Vertauschung von Mittel
und Zweck haben sich die Künstler aller Zeiten zur Wehr
gesetzt. Für den Menschen gegen den Apparat. Für den
einzelnen gegen die Institution. Hier liegt unser Engagement... Ein hochpolitisches Engagement auch dann,
wenn kein Wort über Politik fällt.«[2]

Und in einer Vorlesung, die Ingeborg Bachmann 1960
gehalten hat, heißt es: »Die Kunst gibt uns die Möglichkeit
zu erfahren, wo wir stehen und wo wir stehen sollten, wie es
mit uns bestellt ist und wie es mit uns bestellt sein sollte.«[3]
So könnte, beispielsweise, das ganze Programm der engagierten Literatur lauten. Es ist übrigens so bescheiden
nicht, wie es vielleicht im ersten Augenblick anmutet.
Denn es erinnert den Schriftsteller an die Möglichkeiten,
die ihm die Kunst gibt, und weist zugleich – man beachte
das »sollte« – auf das ihr innewohnende pädagogische Element hin.

Unsinnig allerdings wäre es, wollte man etwa die engagierte und die reine Literatur als absolute Größen betrachten und sie schließlich gegeneinander ausspielen. In dra-
stischer Abkürzung ließe sich sagen: Wie die Literatur, die
kein Engagement kennt, steril ist, hört das Engagement
ohne Artistik auf, Kunst zu sein. Auf die Mischungsgrade
kommt es also an; nicht auf die Trennung, sondern auf die
Synthese. Noch einmal empfiehlt es sich, Max Frisch zu zi-
tieren: »Überhaupt bleibt es fraglich, ob sich die künstlerische und die menschliche Aufgabe trennen lassen. Zei-

chen eines Geistes, wie wir ihn brauchen, ist nicht in erster Linie irgendein Talent, das eine Zugabe darstellt, sondern die Verantwortung. Gerade das deutsche Volk, dem es nie an Talenten fehlte und an Geistern, die sich der Forderung des gemeinen Tages enthoben fühlten, lieferte die meisten oder mindestens die ersten Barbaren unseres Jahrhunderts. Müssen wir davon nicht lernen?«

Diese Sätze Frischs stammen jedoch nicht aus seiner Frankfurter Rede, sondern aus seinem *Tagebuch*. Sie wurden bereits 1946 geschrieben. Sind sie deswegen überholt? Er, der Schweizer Max Frisch, hat jedenfalls aus den deutschen Erfahrungen Konsequenzen gezogen. Und die deutschen Schriftsteller? Nirgends, befürchte ich, ist der Kampf gegen das Engagement in der Literatur so verdächtig und gefährlich wie hierzulande.

1964

DER KLASSIKER DER SKIZZE

In jenem Jahrzehnt, da Böll ein Praeceptor Germaniae wurde und doch nicht aufhörte, ein rheinischer Schelm zu sein, da der grimmige Poet Grass sich in einen politischen Kämpfer verwandelte, da Koeppen schwieg und Celan zusammenbrach, da Peter Weiss um die Synthese von Kunst und Propaganda sich vergeblich mühte und Siegfried Lenz eine Deutschstunde erteilte, der die Nation begeistert applaudierte – da blieb Max Frisch, was er schon zu sein schien, als er noch gar nicht berühmt war: ein Klassiker inmitten unserer Gegenwart.

Nicht als Wertung ist dies zu verstehen, sondern als Kennzeichnung, nicht um Frischs Talent und Leistung geht es also, sondern vor allem um sein Temperament und seine Haltung, um die Art seiner Mentalität und Sensibilität. Der Vergleich mit seinem schweizerischen Kollegen und heimlichen Widersacher bietet sich hier an: So aggressiv Dürrenmatt, so defensiv Frisch, so erregbar und drohend der eine, so zivil und gelassen der andere. Beide sind sie, wie es heute nicht anders sein kann, Dichter der Angst; nur, daß ihr der eine mit der Grausamkeit begegnet, der andere hingegen mit der Zartheit.

Auch Frisch muß natürlich provozieren, doch treiben ihn dazu nicht Lust und Leidenschaft, sondern Not und Notwendigkeit. Nein, er ist nicht vom Geschlecht der Außenseiter, Ruhestörer und Rebellen, der Getriebenen, der Unversöhnlichen und Zerrissenen. Mit den schockieren-

den Amokläufern der Literatur hat er kaum etwas gemein. Er gehört eher zu den Nachkommen der betont
bürgerlichen Schriftsteller, der distanzierten und
schmunzelnden Beobachter, der ironischen und meditie-
renden Zeugen, der urbanen Humoristen und leidenden
Skeptiker, der – um Beispiele auf höchster Ebene zu
geben – Keller, Fontane und Thomas Mann.

Ähnlich wie sie ist auch Frisch ein Ankläger wider Willen. Denn er sehnt sich nach der Idylle, und er liebt den
Ausgleich. Er, ein profunder Kenner bürgerlicher Schwächen, schämt sich nicht bürgerlicher Tugenden. Wie die
Großen, in deren Nachfolge er gesehen werden sollte,
überrascht er immer wieder mit der Ruhe, die seine Unruhe nicht tarnt, sondern zum Vorschein kommen läßt,
und die seine Betroffenheit nicht verbirgt, sondern akzen-
tuiert. Sein Naturell, nicht sein Erfolg hat dies ermöglicht:
Schon aus dem vor einem Vierteljahrhundert veröffentlichten *Tagebuch mit Marion* spricht jene längst für Frisch
charakteristische Souveränität, die zwar kein literarisches
Gelingen garantiert, doch stets Vertrauen einflößt.

Er praktiziert Moral ohne Predigt und Zeitkritik ohne
Propaganda. Er demonstriert Engagiertheit ohne Gereiztheit und Protest ohne Hysterie. So wurde er zum Klassiker unter den schreibenden Zeitgenossen deutscher Sprache. Und so wurde er zum Autor, dessen Name mehr si-
gnalisiert als die Titel seiner Bücher, und dessen Gesamt-
werk mehr darstellt als die Summe seiner Teile. Freilich
gibt es kein einzelnes Werk, das für ihn so repräsentativ
wäre wie etwa *Die Blechtrommel* für Grass oder *Der
Besuch der alten Dame* für Dürrenmatt. Das aber ist kein

Zufall, sondern hat mit seiner Sicht und Schreibweise zu tun.

Schon 1946 erkannte Frisch, »daß ein spätes Geschlecht, wie wir es vermutlich sind, besonders der Skizze bedarf, damit es nicht in übernommenen Vollendungen, die keine eigene Geburt mehr bedeuten, erstarrt und erstirbt«.[1] Sein wichtigstes Drama ist nicht mehr und nicht weniger als eine genialische Bühnenskizze, die übrigens noch nichts von ihrer Aktualität eingebüßt hat: der Einakter *Biedermann und die Brandstifter*. Seine berühmteste Parabel (*Der andorranische Jude*) ist eine klassische Skizze. Seine großen Bücher der Nachkriegszeit (*Tagebuch 1946–1949* und *Stiller*) erweisen sich als Sammelwerke, deren Höhepunkte gerade jene Miniaturen sind, die sich zur »Vorliebe für das Fragment« bekennen und die aus dem »Hang zum Skizzenhaften«[2] praktische Folgerungen ziehen.

Das *Tagebuch 1966–1971*[3] ist wiederum eine Sammlung vieler und sehr unterschiedlicher Prosastücke. Aber als Journal eines Schriftstellers können hier nur kleine und eher unerhebliche Teile gelten. Denn zum Tagebuchschreiber will Frisch, seinem Ruf zum Trotz, nicht recht taugen, und dies aus einem sehr einfachen Grund: Der passionierte Psychologe liebt zwar die Introversion und die Introspektion, hat jedoch keinerlei Neigung zum Exhibitionismus.

Seine »Gier nach Geschichten« hängt damit zusammen. Sie ist, vereinfachend gesprochen, nichts anderes als die fortwährende Suche nach Möglichkeiten einer verhüllenden und zugleich dennoch verdeutlichenden Selbstdarstellung. Dieser Gier verdankt auch der neue Band seine schönsten Stücke: Geschichten sind es, die man als Entwürfe zu Geschichten bezeichnen könnte. In ihnen wird mehr angedeutet als ausgeführt und gezeigt. Das Skizzenhafte dominiert, aber die scheinbar flüchtigen Linien erweisen sich als einprägsame Konturen.

Wovon erzählt Frisch? Von der Liebe, also von der Vergänglichkeit; vom Tod, also von der Angst vor dem Tod. Das sind, wie man weiß, alte, Jahrtausende alte Hüte. Da es jedoch die Liebe (auch wenn sie von der deutschen Gegenwartsliteratur kaum wahrgenommen wird) immer noch gibt, und da man den Tod noch immer nicht abgeschafft hat, bleibt nichts anderes übrig, als zu diesen Fragen zurückzukehren. Aber wie?

Frisch verblüfft mit neuen formalen Lösungen, die sich von vielem, was heute in der Literatur versucht wird, dadurch unterscheiden, daß sie brauchbar und zweckmäßig und sehr ergiebig sind. Sein *Handbuch für Mitglieder* (nämlich einer »Vereinigung Freitod«, die der Überalterung der Gesellschaft entgegenwirken will) ermöglicht eine streckenweise fast ideale Verquickung von Epischem und Essayistischem: Hinter diesen knappen Notizen, den Gedankensplittern und Aperçus verbergen sich Gestalten und Geschichten; und aus diesen Minigeschichten gehen die meist aufschreckenden Reflexionen über das Alter und das Altern zwanglos und wie von selbst hervor.

Eine andere, nicht weniger überzeugende, wenn auch innerhalb des Bandes etwas zu sehr strapazierte Form des indirekten Ausdrucks für Erfahrungen und Erlebnisse schafft sich Frisch durch die Verwendung der Fragebogen-

technik: Die zu bestimmten Themen (Ehe, Frauen, Geld, Humor, Heimat, Freundschaft) gestellten Fragen ersetzen die Mitteilung durch die Provokation. Sie fordern unsere Urteilskraft heraus und appellieren zugleich an unsere Phantasie. Sie entlarven, indem sie aussparen. Auf die Pausen zwischen den Fragen kommt es hier an: Denn Frischs Fragebögen suggerieren, was sie verschweigen.

An diese Technik erinnert die Komposition einiger kurzer Erzählungen, die nur einzelne Punkte und sparsame Striche liefern, knappe Verweise und nüchterne, zurückhaltend erteilte Informationen. Der Rest ist Sache des Lesers. Auch hier haben wir es also mit Reduktion zu tun, mit dem Prinzip der indirekten Darstellung und des alarmierenden Verstummens. Am besten ist dieses Prinzip in der *Skizze eines Unglücks* verwirklicht, der Geschichte einer mit allerlei Komplexen belasteten Liebesbeziehung zwischen einem Arzt und einer Philologin.

Anders, doch kaum weniger originell ist das Prosastück *Glück*: Die klassische Frisch-Parabel von Schuld und Unschuld des Individuums wird hier in neuer Verkleidung geboten — als liebevolle und höchst amüsante Parodie der russischen Epik des vorigen Jahrhunderts. Auch in den Berichten über Begegnungen mit prominenten Zeitgenossen triumphiert vor allem der Geschichtenerzähler Frisch. Niemals, will mir scheinen, sind Brechts Größe und Besessenheit, seine Egozentrik und Einsamkeit exakter beschrieben worden, niemals war deutlicher zu sehen, daß er nur mit jenen Scheuklappen dichten und leben konnte, die er sich selber angefertigt hatte und von denen er sich unter keinen Umständen trennen wollte.

Hervorragend sind die Dürrenmatt- und Grass-Porträts, auch wenn man ihnen sofort anmerkt, daß Takt und Rücksicht – zumal im Fall Grass – sehr hemmend gewirkt haben. Unheimlich ein kurzes Gespräch mit dem alten Ilja Ehrenburg, und vielleicht noch unheimlicher ein Lunch mit Henry Kissinger. Am Ende wird er gefragt, ob und wie seine wissenschaftliche Theorie durch die Praxis verändert wurde: »Er habe keine Zeit, um darüber nachzudenken. Ein schrecklicher Satz, aber wir befinden uns gerade in einer Pendeltüre; ich höre nur noch: Wenn man einmal auf dem Seil steht, gibt es kein Zurück – nach der Pendeltüre: – keine Politik ohne das Risiko einer Tragödie. Tragödie für wen?«

Die Kissinger-Skizze gehört zu den wenigen politischen Abschnitten des Bandes, die auf suggestive Weise irritieren – wohl deshalb, weil Frisch das Allgemeine hier ganz und gar personalisiert oder, genauer ausgedrückt, aus dem Individuellen abliest und ableitet. Sonst gilt die Faustregel: Je privater diese Prosa, desto größer ihr Anrecht auf öffentliches Interesse. Und je direkter das Buch Politisches diskutiert, desto mehr wird es zur Privatsache des Bürgers Frisch.

So sind die insistierenden »Verhöre« – etwa über die Gewalt als Mittel im politischen Kampf, über die Studentenrevolten von 1968, über die »Neue Linke« – bemühte Erörterungen und ehrenwerte Selbsterforschungen, die bisweilen anregen, selten aufregen und am häufigsten daran erinnern, daß auch jene faszinierenden Wanderungen, mit denen man Frischs bedeutende Romane vergleichen kann, schließlich zu Gemeinplätzen führen. Wie auch immer:

Jeder kann sich aus diesem Lesebuch auswählen, was ihm paßt. Selbst wer ein Viertel oder gar ein Drittel des Bandes eliminieren möchte, wird noch außergewöhnlich viel behalten und genug, um Dankbarkeit zu empfinden – Dankbarkeit für eines der schönsten und geistreichsten deutschen Bücher dieser Jahre.

1972

EIN SCHWEIZER AUS BEKENNTNIS

Max Frisch ist ein Patriot ohne Scheuklappen: Was man Vaterlandsliebe nennt, hat seinen Verstand weder verwirrt noch geblendet, sondern eher geschärft und gesteigert. Er ist ein schweizerischer Heimatdichter und gleichwohl einer der urbansten Schriftsteller Europas. Er ist ein bodenständiger Kosmopolit. Vor wenigen Wochen hat er von seinem »naiven Bedürfnis nach Heimat« gesprochen: Er verstehe sich »als Schweizer ganz und gar«, er sei »Schweizer aus Bekenntnis«. Nur daß zu seinem Heimatgefühl auch die Schande gehöre, die sein Vaterland gestern und heute auf sich geladen habe: Er wüßte sich ihm oft genug »in Zorn und Scham« verbunden.[1]

Aber was er auch für oder gegen die Schweiz zu sagen hat, er erweist sich immer als ein umsichtiger und besonnener Kritiker seiner Heimat: Frisch urteilt oft streng, doch nie gereizt oder aggressiv. Und wie groß seine Bedenken auch sein mögen, sie gelten stets nur partiellen Erscheinungen. Er kritisiert einen Staat, mit dem er sich dennoch und ganz selbstverständlich identifiziert, er beanstandet eine Gesellschaftsordnung, die er trotz allem befürwortet. Dies ist es wohl, was Frisch von vielen Schriftstellern der Bundesrepublik und Österreichs – einem Böll, einem Grass, einem Handke – so deutlich unterscheidet. Freilich fällt es leichter, sich mit einem Staat zu identifizieren, dem Frisch nicht etwa vorwirft, was er Menschen angetan, sondern was er – im Zweiten Weltkrieg und auch unlängst, als politische Flüchtlinge Schutz suchten – zu tun unterlassen hat.

Wie tief und natürlich das Einverständnis ist, das, allem Anschein zum Trotz, zwischen Max Frisch und seiner Schweizer Welt herrscht, zeigt ein Buch, von dem man dies nicht unbedingt erwarten konnte: Sein *Dienstbüchlein*[2], die erst jetzt, 1973, geschriebenen Erinnerungen an die Militärzeit zwischen 1939 und 1943: »Wenn ich nicht will, so brauche ich mich nicht zu erinnern« – erklärt er im ersten Absatz. Doch er, nunmehr ein »Veteran in Limousine«, möchte wissen, wie das in jenen Jahren war, er versucht, den damaligen »Erfahrungen mit unserem Land, mit sich selbst« auf die Spur zu kommen.

Ähnlich wie in vielen Teilen seiner beiden *Tagebücher* verbindet Frisch auch hier den Rapport mit der Reflexion und den objektiven Bericht mit dem persönlichen Bekenntnis. Abermals zeigt er sich als ein Meister der Skizze, dem Andeutungen, Aussparungen und Anspielungen immer lieber sind als die direkten Mitteilungen. Gerade im Beiläufigen, in dem, was unerheblich scheint, vermag er bisweilen das Symptomatische zu entdecken. Gern beschränkt er sich auf knappe ironische Befunde (»Wer sich nie beklagt, hat sich am wenigsten zu beklagen«) und vielsagende Verweise (»Die Armee entmündigte uns nur übungshalber für den Fall«). Das alles, zumal das Skizzenhafte und Fragmentarische dieser Prosa, trägt dazu bei, daß auch in dem *Dienstbüchlein* die bohrende und insistierende Selbstbefragung niemals indezent oder gar aufdringlich wirkt. Aber was ergibt sie eigentlich?

Erneut zeigt sich, daß Frischs Verhältnis zur Schweiz

durchaus ambivalent ist. Aber die sich hier aufdrängende
Vokabel »Haßliebe« wäre doch fehl am Platz. Von Haß
kann überhaupt nicht die Rede sein, und auch der Zorn
hält sich wohl in Grenzen. Mit solchen Worten wie Zwei-
fel, Unbehagen und Skepsis und andererseits Sympathie,
Anhänglichkeit und Verbundenheit kommt man der Sache
gewiß näher. Sachlich und nüchtern erzählt Frisch von den
Verhältnissen in der schweizerischen Armee. Fast auf jeder
Seite spürt man die Selbstkontrolle des Bürgers, der dem
Autor unentwegt auf die Finger schaut und der auf keinen
Fall in den Verdacht geraten möchte, er mache es sich
leicht mit der Kritik des Militärs. Mehrfach wiederholt er:
»Es war nicht unerträglich.« Und: »Ein hanebüchenes Un-
recht..., eine Schikane..., ein Fall von Perfidie, ein Vor-
kommnis, das einen untilgbaren Zorn (Ressentiment) hin-
terläßt – ich erinnere mich an keinen solchen Fall.«

Die Armee als Schule der Nation? Daran glaubt Frisch
allerdings nicht: Wenn etwas unterrichtet wurde, dann
höchstens »Gehorsam als Gehorsam«. Stumpfsinnig war
es beim schweizerischen Kommiß ganz bestimmt. Doch
davon abgesehen, bestätigen Frischs Erinnerungen (ob er
es wollte oder nicht) die üblichen, möglicherweise simplen
und klischeehaften Vorstellungen, die wir Nichtschweizer
von der helvetischen Armee haben – daß es dort korrekt
und human zugeht und daß es alles in allem wenn auch
nicht eine gemütliche, so doch eine mehr oder weniger
brave und sogar harmlose Organisation ist.

Indes kann uns schwerlich interessieren, wie sich der
Alltag im schweizerischen Militärdienst vor dreißig oder
fünfunddreißig Jahren abgespielt hat. Wichtig ist nur, was

damals mit Frisch geschehen ist. Aber es ist nicht viel geschehen. »Ich verweigerte mich jedem Zweifel an unserer Armee« – gesteht er am Anfang. Und am Ende: »Ich wagte nicht zu denken, was denkbar ist. Gehorsam aus Stumpfsinn, aber auch Gehorsam aus Glauben an eine Eidgenossenschaft.« Nichts liegt Frisch ferner, als sein Bild ex post zu stilisieren. Zwar sagt er: »Die Beteuerung, daß die Schweiz sich militärisch verteidigen werde, deckte sich mit meinem Bedürfnis und persönlichen Willen«, aber gleich der nächste Satz relativiert diese so entschieden klingende Äußerung: »Ich war in Sorge um eine deutsche Jüdin in der Schweiz.« Die Geschichte, auf die Frisch hier anspielt, erzählt er leider nicht.[3]

Was für einen Einfluß haben nun die 650 Tage im Militär auf ihn ausgeübt? Überhaupt keinen: »Was man als schweizerischer Wehrmann erlebt hat, scheint über die Anekdote nicht hinauszugehen; keine Wendung in unsern Lebensläufen, keine Gewissenslast. Es hat sich denn auch kaum eine Literatur daraus ergeben.« Eben, eben.

Und doch bedauert Frisch nicht, beim Militär gewesen zu sein: »Leute meiner Schulbildung (Gymnasium, Universität, Eidgenössische Technische Hochschule) werden sonst kaum genötigt, unsere Gesellschaft einmal nicht von oben nach unten zu sehen.« – Ich schätze und bewundere Frisch, aber ich will nicht verheimlichen, daß mich diese Erklärung keineswegs überzeugt. Natürlich hatte er damals – er war Kanonier – die Möglichkeit, die Gesellschaft aus einer anderen Perspektive wahrzunehmen. Nur daß ich nicht recht verstehe, wozu er sich darauf beruft. Denn es blieb ohne Folgen, jedenfalls ist hiervon in seinem lite-

rarischen Werk absolut nichts zu spüren: Frisch hat nie
aufgehört, die Gesellschaft »von oben nach unten zu sehen«. Wer seine Bücher kennt, weiß, daß dieser Umstand
keiner Rechtfertigung bedarf.

So bestätigt das *Dienstbüchlein*, was schon sein *Tagebuch 1966–1971* erkennen ließ: Je privater Frischs Prosa,
desto größer ihr Anrecht auf öffentliches Interesse. Und je
direkter er das Öffentliche beschreibt, desto mehr wird sie
zur Privatsache des Bürgers Frisch. Allerdings hieß es im
Stiller: »Gerade die enttäuschenden Geschichten, die keinen rechten Schluß und also keinen rechten Sinn haben,
wirken lebensecht.« Diesen Eindruck erweckt auch das
Dienstbüchlein – es ist nur lebensecht.

1974

DAS BUCH DER LIEBE

Gewiß hat Max Frisch schon reichhaltigere Bücher geschrieben. Mit seinem Roman *Stiller* oder mit seinem *Tagebuch 1946–1949* läßt sich der neue Prosaband kaum vergleichen, zu den Schlüsselwerken der Epoche gehört er
nicht. Und doch übertrifft diese Erzählung *Montauk*[1] in
mancherlei Hinsicht alles, was wir bisher von Frisch kannten. Es ist sein intimstes und zartestes, sein bescheidenstes
und gleichwohl kühnstes, sein einfachstes und vielleicht
eben deshalb sein originellstes Buch. Ist es unhöflich –
Frisch wurde 1911 geboren –, von einem Alterswerk zu
sprechen?

In ihren späten Jahren haben gute Schriftsteller den Lesern nichts anderes zu sagen, als was sie ihnen immer
schon gesagt haben: Sie befassen sich in der Regel mit den
gleichen Motiven, den gleichen Fragen und Themen. Aber
sie behandeln sie mit anderen Mitteln. Sie sehen sie aus
einer anderen Perspektive. Altersweisheit? Was man
damit gemeinhin bezeichnet, ist wohl jene Distanz zum
Leben, die der betroffene Schriftsteller schmerzhaft empfinden mag, die sich indes auf sein Werk günstig auswir-
ken kann. Und was man für Gelassenheit hält, ist oft nichts
anderes als Resignation. Mehr noch: Das Alter zwingt zur
Ökonomie der Mittel und damit zum Verzicht auf formal
Anspruchsvolles oder gar Extravagantes. Die sich viele
Jahre als Meister virtuoser Technik bewährt haben, zweifeln an der Nützlichkeit und der Notwendigkeit ihrer

handwerklichen oder künstlerischen Fertigkeiten. Wo Abschiedsstimmung herrscht, scheint Bravour nicht am Platze.

Das alles gilt auch für Max Frisch. Er bleibt in *Montauk* seinen alten Themen treu: Wieder erzählt er vom Individuum auf der Suche nach der Selbstverwirklichung, von der leidenden Kreatur zwischen Liebe und Tod, von Erfüllung und Enttäuschung, von Sehnsucht und Verzweiflung. Aber er erzählt anders als früher. Geschichten hatte Frisch immer verstanden als Erfindungen, die nötig seien, um Erfahrungen auszudrücken, um sie lesbar und erkennbar zu machen. Geschichten waren für ihn »Entwürfe in die Vergangenheit zurück« und »Spiele der Einbildung, die wir als Wirklichkeit ausgeben«.[2] Sie hatten die Aufgabe, seine Erlebnisse und Erfahrungen zu verhüllen und zugleich doch zu verdeutlichen. Denn: »Man kann ja nicht nackt durch die Welt gehen« – hieß es in Frischs Roman *Mein Name sei Gantenbein*. Und: »Ich probiere Geschichten an wie Kleider.«

Seiner einstigen »Gier nach Geschichten«, der wir soviel zu verdanken haben und die wir auch noch in dem vor drei Jahren erschienenen *Tagebuch 1966–1971* spüren, ist nun Frisch überdrüssig. Von erfundener Wahrheit will er nichts mehr wissen. In *Montauk* heißt es: »Ich möchte dieses Wochenende beschreiben können, ohne etwas zu erfinden, diese dünne Gegenwart...« Er ist entschlossen, das Wochenende »autobiographisch« zu erzählen: »Ohne Personnagen zu erfinden; ohne Ereignisse zu erfinden, die exemplarischer sind als seine Wirklichkeit; ohne auszuweichen in Erfindungen.«

Dies aber bedeutet nicht weniger als die Abwendung
Frischs von jenen ästhetischen Grundsätzen, die zwar sein
Werk nicht programmiert haben – er ließ sich nie durch
Theorie festlegen –, die jedoch unzweifelhaft aus seiner literarischen Praxis hervorgingen. Der einst gewöhnliche
Menschen in ungewöhnlichen Situationen und in einem
unwahrscheinlichen (man kann auch sagen: verfremden-
den) Rahmen gezeigt hatte, verzichtet in *Montauk* auf un-
erhörte Begebenheiten, sonderbare Geschehnisse und
wunderliche Zufälle. Der einst mit großer Selbstverständlichkeit viele Mittel der modernen Epik angewandt hatte,
ist nunmehr entschlossen, sich mit einer »einfältigen Er-
zählerposition« zu begnügen. Der sich neuerdings vorwirft, er habe »irgendeine Öffentlichkeit« mit Geschichten
bedient, erklärt jetzt: »Ich möchte wissen, was ich wahr-
nehme und denke, wenn ich nicht an mögliche Leser
denke.« Der große Fabulierer, der Meister der Parabel, bekennt: »Er möchte bloß erzählen...: sein Leben.« Nicht
mehr: Mein Name sei Gantenbein, sondern: Mein Name
sei Frisch. Nicht mehr: »Ich stelle mir vor«, sondern: So
war es.

Aber *Montauk* ist weder eine Autobiographie noch ein
Bericht oder ein Tagebuch. Der Band hält, was die Titel-
seite verspricht: eine Erzählung. Sie beginnt im Mai 1974
in New York. Zehn Jahre vorher hatte Frisch den *Gantenbein*-Roman abgeschlossen mit den Worten: »Leben gefällt mir.« Jetzt sagt er in seinem in der Erzählung zitierten
Interview: »Leben ist langweilig, ich mache Erfahrungen
nur noch, wenn ich schreibe.« Das scheint ernst gemeint,
ganz ohne Koketterie. Doch sehr bald wird der düstere Be-

fund widerlegt, Frisch darf Erfahrungen machen, ohne zu schreiben, Leben ist plötzlich wieder reizvoll, wenn auch nur für eine kurze Zeit. Sie heißt Lynn und ist über dreißig Jahre jünger als er. Mit ihr verbringt er einige Tage – zunächst in New York und dann in der Ortschaft Montauk auf Long Island.

Was die Geschichte dieser Tage, diese lyrische Erzählung, die den Rahmen und den Hauptstrang des Buches *Montauk* bildet, unvergeßlich macht, ist ihr Klima, ihre Atmosphäre: Einem Minimum an Handlung entspricht hier ein Maximum an Stimmung. Sie schlafen miteinander. Aber sie haben sich kaum etwas zu sagen. Ihr Gespräch stockt immer wieder. Meist ist es *small talk.* Um das Schweigen (im Auto oder während eines Spaziergangs) zu unterbrechen, erzählt er ihr etwas aus seinem Leben. Erzählt er es ihr oder sich selber? Seine Welt ist ihr fremd, sie hat nie auch nur eine Zeile von ihm gelesen. Und er bringt noch nach einigen Tagen durcheinander, daß sie, die rothaarige Lynn, zwar geboren wurde in Florida, aber im College in Kalifornien war. Er ist nicht in sie verliebt. Sie interessiert ihn kaum.

Und doch ist er mit ihr glücklich. Denn er ist alt: »Sowie eine Frau mit gefällt, komme ich mir jetzt als Zumutung vor.« Und: »Er kennt sein Alter; er ist entschlossen, es endlich anzunehmen... Es steht diesen Händen nicht zu, diese Taille zu fassen.« Eben deshalb, eben weil er sein Alter kennt, ist er sich dessen bewußt, wie wenig Zeit ihm bleibt – Egozentrik wird unvermeidbar: »Die Welt entrückt in ihre Zukunft ohne mich, und so die Verengung auf das Ich, das sich von der Gemeinsamkeit der Zukunft aus-

geschlossen weiß. Es bleibt das irre Bedürfnis nach Gegenwart durch eine Frau.«

So wird für Frisch das Erlebnis mit einer Frau zur
»Gegenwart *durch* eine Frau«, zu jener Gegenwart nämlich, die seine Vergangenheit, ob er es will oder nicht, be-
schwört und einschließt: Liebe als Erinnerung und Reflex,
als Wiederholung und Zitat. Es ist nur »die Fremdsprache,
die ihm das Gefühl gibt, er sage alles zum ersten Mal.«
Aber er fürchtet auch, er sage alles zum letzten Mal: »Eine
wird die letzte Frau sein, und ich wünsche, es sei Lynn, wir
werden einen leichten und guten Abschied haben...« Der
Tag dieses Abschieds steht von vornherein fest, sein Rück-
flug nach Europa ist gebucht. Sie erwartet nicht, daß er
umbucht, und er erwartet nicht, daß sie ihn darum bittet:
»Sie haben sich verstanden.« Ihre Geschichte ist eine befri-
stete Romanze. Sie hätte mißlingen können, gewiß. Doch
kennt sie keine Krisen, keine Konflikte. Dazu fehlt die Zeit.
Es wird auch nicht entstehen, was er offenbar am meisten
befürchtet, was er auf jeden Fall vermeiden möchte: Abhängigkeit.

Was verbirgt sich hinter dieser Angst, woher kommt sie?
Das Buch bleibt die Antwort nicht schuldig. Das Abenteuer
mit der jungen Amerikanerin nimmt Frisch zum Anlaß
eines erotischen Resümees: Die flüchtige elegische Idylle,
die aber nur er, nicht sie als elegisch empfindet, wird zum
Ausgangspunkt und gleichzeitig zur Folie für Rückblicke
und Reminiszenzen. Frisch erzählt die Liebesgeschichten
seines Lebens – von den Schülertagen bis zur unmittelbaren Gegenwart.

Manche seiner Leser werden diese Mädchen und

Frauen wiedererkennen: Denn sie haben Modell stehen müssen für Figuren im *Stiller*, im *Homo Faber*, im *Gantenbein*. Indes ist Frisch in dem Buch *Montauk* an Porträts nicht gelegen. Die Erinnerungen betreffen weniger die Charaktere als vor allem die Konstellationen, weniger Vorgänge oder Entwicklungen als Zustände. Mit anderen Worten: Frisch beschreibt nicht seine Geliebten und Ehefrauen, wohl aber verdeutlicht er die zwischen ihm und ihnen jeweils bestehenden Beziehungen.

Idyllen sind es nicht. Vielmehr ist hier immer wieder die Rede von Spannungen und Verstrickungen, von Skrupeln und Hemmungen, von Krisen und Konflikten. Gezeigt wird, wie Abhängigkeit entsteht und wohin sie führen kann. Es sind also Leidensgeschichten. »Die Wahrheit, die ich auszudrücken versuche, die ich in diesem Augenblick erkenne« – schreibt Frisch –, »ist selten ein Freispruch für mich.« So kennen diese Rückblicke ohne Zorn auch keinerlei Selbstmitleid, aber sie sind nicht frei von Selbstanklage. »Lynn wird kein Name für eine Schuld.« Doch die Namen der anderen, von Thesy, die er nur einmal geküßt hat, bis zur Marianne (»Wenn Du fröhlich bist, vergesse ich für eine Weile wieder Dein Unglück mit mir«), sollen, scheint es, immer für eine Schuld stehen.

Daß Frisch vieles verschwiegen hat, vieles verschweigen wollte und auch mußte (einmal wird der drohende Satz zitiert: »Ich habe nicht mit Dir gelebt als literarisches Material, ich verbiete es, daß Du über mich schreibst«) – das versteht sich von selbst. Wenn sich aber dennoch während der Lektüre der Eindruck vertieft, daß er bei seinem Vorsatz geblieben ist und daß hier tatsächlich nichts um des Exemplarischen willen retuschiert oder gar erfunden wurde, so hat das mit Frischs Sprache zu tun.

Sein Deutsch war, wie der Stil anderer großer Schweizer, etwa Robert Walsers, vom etwas Linkischen, vom Unbeholfenen oder scheinbar Unbeholfenen nie ganz frei. Es mag aber sein, daß gerade das, was von manchen als störend empfunden wurde, seiner Diktion zu ihrer herben Zartheit verholfen hat und zu jener Qualität, die sich kaum überschätzen läßt: Frischs Sprache erweckt Vertrauen. Und wenn es auf manche Autoren zutrifft, daß ihre Spätwerke sich durch Redseligkeit auszeichnen, so gilt für Frisch das Gegenteil: Nie hat er knapper und karger und zugleich präziser und prägnanter, nie anschaulicher und anregender geschrieben. Dies wird besonders deutlich in zwei Episoden, die zum besten gehören, was wir Frisch und der deutschen Literatur dieser Jahre zu verdanken haben.

Die Geschichte seiner Freundschaft mit einem Mann, dem er lebenslänglich Dank schuldet – er hat für Frisch sehr viel getan, unter anderem sein Studium finanziert –, paraphrasiert das Thema des Buches *Montauk:* Abhängigkeit. Was sich zunächst wie ein autobiographischer Bericht lesen mag, geht unmerklich ins Gleichnishafte über. Es ist eine neue Variante der mittlerweile schon klassischen Frisch-Parabel von der Schuld und Unschuld des Individuums.

Die oft mißbrauchte Vokabel »klassisch« ist es auch, die sich mir aufdrängt, wenn ich an jene Kapitel der Erzählung denke, in denen Frisch von seiner Liebe zu Ingeborg Bachmann spricht. Vielleicht wollte er sich nur Rechenschaft ablegen von seinem Glück, von seinen Qualen und Leiden. An Leser, an Kritiker wird er bei diesen Seiten am wenigsten gedacht haben. Doch ist ihm der Rückblick wiederum und wie von selbst gleichnishaft geraten: die Parabel von der Hörigkeit. Ihr Autor ist ein Meister der Andeutung und Aussparung, ein Virtuose der Pause, einer, der – wie es in *Montauk* in einem anderen Zusammenhang heißt – »die Kunst der Diskretion sich selbst gegenüber« zu üben weiß.

Und das gilt für das ganze Buch: Diese Selbstentblößung ist frei von Exhibitionismus, Frischs Intimität nähert sich nie der Schamlosigkeit, seine Abschiedsstimmung kennt keine Larmoyanz, keine Wehleidigkeit. *Montauk* ist eine poetische Bilanz: ein Buch der Liebe, geschrieben von einem Dichter der Angst.

1975

EIN UNGEDECKTER SCHECK

Mit höflichen Verbeugungen und gütigen Umschreibun-
gen ist es hier nicht getan. Vielmehr muß man sich ein
Herz nehmen und mit der Tür ins Haus fallen. Also:
Frischs neue Erzählung *Blaubart*[1] ist eher originell als in-
teressant. Sie läßt sich leicht lesen und wird schon deshalb
ein Publikum finden. Wer es aber riskiert, über den son-
derbaren Text nachzudenken, der kann sich des Eindrucks
nicht erwehren, daß es dem ebenso bewunderungswürdi-
gen wie liebenswerten Schriftsteller Max Frisch diesmal,
aus welchen Gründen auch immer, gefallen hat, uns einen
Scheck anzubieten, der leider nicht gedeckt ist.

Dabei beginnt das Buch verheißungsvoll, nämlich mit
einem Mord. Eine Prostituierte, die indes (wie Frisch-Fi-
guren eh und je) der gehobenen Gesellschaftsschicht ange-
hört, wird in ihrer schmucken Wohnung tot aufgefunden.
Wer hat sie erdrosselt? Der Verdacht fällt auf jenen, dessen
Krawatte zur Tat verwendet wurde – auf den Arzt Felix
Schaad, der mit der Ermordeten verheiratet war. Er hat
kein Alibi. Doch beteuert er gleich im ersten Absatz der Erzählung: »Ich bin nicht der Täter.«

Wer sich nun auf eine spannende Kriminalgeschichte
gefaßt macht, erfährt schon auf der nächsten Seite, wie die
Sache ausgeht: »Freispruch mangels Beweis – Wie lebt
einer damit?« Dies aber ist eine der mittlerweile schon
klassischen Frisch-Fragen: Wie verhält sich ein Mensch,
der erkennt, daß er mit seiner Tochter geschlafen hat *(Ho-*

mo Faber), wie einer, der für einen Juden gehalten wird, ohne es zu sein *(Andorra)*, einer, der Blindheit vortäuscht, während er in Wirklichkeit alles sieht *(Mein Name sei Gantenbein)*, oder einer, der die Chance hat, sein Leben noch einmal anzufangen und es nun anders verlaufen zu lassen *(Biografie: Ein Spiel)*?

Frisch ist kein Philosoph, auch wenn er sich gern auf Kierkegaard und andere Denker beruft. Er ist ein Erzähler und Stückeschreiber. So scheint es mir auch müßig, ihm, wie das häufig geschieht, nachzusagen, seine Kernfragen zielten auf das Zentrum unserer Existenz. Sie haben eine andere, eine vornehmlich schriftstellerisch-handwerkliche Funktion: Es sind Vorwände. Journalistisch gesprochen: Sie dienen als »Aufhänger«. Aus ihnen ergeben sich die Fabeln und Konstellationen seiner Romane, Geschichten und Bühnenwerke. Wir haben es also mit Gedankenspielen zu tun: Sie sollen die mit den Mitteln des Epikers oder Dramatikers erteilten Antworten ermöglichen – und nur auf diese kam und kommt es an.

Was bringt uns das Gedankenspiel im *Blaubart?* Schaad war zehn Monate in Untersuchungshaft, inzwischen sind einige weitere Wochen vergangen. Seine Praxis mußte er aufgeben, denn zu einem Arzt, der eines Mordes verdächtigt wurde und über dessen Privatleben man in der Boulevardpresse allerlei lesen konnte, haben die Patienten kein Vertrauen mehr.

Womit beschäftigt sich der jetzt arbeitslose Doktor Schaad? Um es kurz zu machen: Er leidet. Er kann den langwierigen Prozeß – einundsechzig Zeugen wurden vernommen und stets war von ihm die Rede – nicht vergessen.

So möchte er die ihn heimsuchenden Erinnerungen we-
nigstens verdrängen. Hierüber informiert uns nicht etwa
der Erzähler (er schweigt im *Blaubart*), sondern Schaad
selber, dessen Mitteilungen sich auf knappe, auffallend la-
konische Sätze beschränken. Sie werden wie Zitate ange-
führt:

»Was hilft, ist Billard... Wandern hilft eine Zeitlang...
Ich kann keine Schwäne mehr füttern... In der Sauna
braucht man nicht zu reden... Manchmal hilft Alkohol...
Natürlich habe ich es auch mit Kino versucht, aber ich
bleibe selten bis zum Schluß... Verreisen hilft gar
nichts...« Er flieht nach Japan, wo ihn niemand kennt.
Doch in den Kaiserlichen Gärten zu Kyoto quält ihn die
Expertise des Psychiaters. Und in Hong-Kong hört er während der Rundfahrt im Hafen die Fragen der Geschworenen.

So verfolgen ihn die Erinnerungen wie die Erinnyen den
Orest. Aber Orest hat seine Mutter ermordet. Was hat der
seinem Vornamen zum Trotz unglückliche Felix Schaad
getan? In seiner Einbildung hält er ein neues Schlußwort,
in dem es heißt: »Ich bin nicht unschuldig... Seit meinem
vierzehnten Lebensjahr habe ich nicht das Gefühl, unschuldig zu sein...« Wenig später fragt er nicht ohne Pathos: »Was ist Schuld?« Eben. Genauer: Was ist Schaads
Schuld? Von ihm selber können wir es nicht erfahren.
Warum?

»Ich habe keine Sprache für meine Wirklichkeit« – hatte
einst Schaads Verwandter und Vorgänger, der Züricher
Bildhauer Anatol Ludwig Stiller, erklärt. Dies war allerdings pure Koketterie, denn der gute Stiller, dessen wir im-

mer noch gern und respektvoll gedenken, zeichnete sich durch beachtliche Beredsamkeit aus. Schaad hingegen wurde von seinem Schöpfer tatsächlich mit Sprachlosigkeit geschlagen: Er verstummt in seiner Qual, ihm gab kein Autor zu sagen, wie er leidet.

Auf diese Weise aber hat Frisch ein Unrecht angetan. Wem? Den Lesern der Erzählung *Blaubart*. Sie müssen sich damit begnügen, daß Schaad, mag er im juristischen Sinne unschuldig sein, in einem tieferen Sinne – wie die Menschen nun einmal sind – eben doch schuldig ist. Jetzt denkt der Gebildete nicht mehr an die alten Griechen, sondern an Dostojewski und dessen schuldig-unschuldig verstrickte Helden.

Indes gibt es in dem neuen Buch noch eine zweite Ebene: Zwischen den kargen und leider so unergiebigen Äußerungen Schaads lesen wir, was während des eintönigen Prozesses über den Angeklagten oder zumindest im Zusammenhang mit seiner Person gesagt wurde. Es sind aber nicht etwa Bruchstücke des Gerichtsprotokolls, sondern wiederum direkte Zitate, also jene Stimmen, deren sich der Freigesprochene nicht erwehren kann.

Alle kommen sie zu Wort: Die Richter und die Geschworenen, der Staatsanwalt und der Verteidiger, die Sachverständigen und natürlich zahlreiche Zeugen. Zu ihnen gehören auch die vielen Ehefrauen des Angeklagten. Denn Schaad, der Einsame, der Gehemmte, der Introvertierte, war in der Ehe (wie die Helden Max Frischs ein für allemal) stets unglücklich, ließ sich gleich scheiden, wurde aber prompt wieder rückfällig. Insgesamt sagen hier sechs seiner ehemaligen Gattinnen aus. Am Ende hört er noch, wie das Gericht seinen längst toten Vater vernimmt und seine ebenfalls tote Mutter.

In diesen Dialogen, die den Hauptteil des Buches bilden, belauscht und fixiert Frisch die Umgangssprache, er zeigt und parodiert das meist nach verstaubten Akten riechende Idiom der Juristen, den ritualisierten Slang der Experten, er reiht klischeehafte, gänzlich sinnentleere Formulierungen aneinander. Mit Behagen und Humor breitet er den Verbalschutt der Epoche aus. Das macht der erfahrene Dramatiker vorzüglich. Doch wird man seiner Kunst nicht ganz froh. Es sind ja viele und sehr unterschiedliche Menschen, die er hier reden läßt. Aber ob alt oder jung und welchen Beruf sie auch ausüben und welcher Gesellschaftsschicht sie angehören – eine Eigenschaft vereint sie alle: Sie haben (ähnlich wie Schaad) die größten Schwierigkeiten, sich auszudrücken.

Soll die Erzählung *Blaubart* uns vor allem bewußt machen, wie dürftig, wie primitiv die Sprache der Menschen im Zeitalter des Fernsehens ist? War also Frisch an einer literarischen Manifestation der Sprachlosigkeit gelegen? Diese ist ihm gelungen, nur leider so konsequent, daß die Lektüre des Buches ziemlich rasch ermüdet. Das hat freilich noch einen anderen und keineswegs nebensächlichen Grund. In dem Prozeß, den Frisch vor uns aufrollt, reden nahezu alle aneinander vorbei. Da werden Fragen gestellt, die die Befragten nicht beantworten können oder wollen. Man mißversteht sich häufig, zuweilen absichtlich. Unentwegt wird der Fall Schaad abgehandelt, die Vergangenheit dieses Mannes untersucht, sein Charakter erörtert. Merkwürdigerweise erfahren wir jedoch über ihn herzlich wenig.

Einer seiner Freunde, der übrigens die schönen Worte
»Ich bin philosophisch, meine Frau ist eher musikalisch«
zu Protokoll gibt, urteilt klipp und klar: »Er kann halt nicht
denken... Sonst ist er ein flotter Kerl.« Das mag überra-
schen, denn bis dahin konnte man den Eindruck gewin-
nen, daß der jähzornige Schaad eher zu den schwerfälligen
als zu den flotten Zeitgenossen gehört. Daß er aber ein
Mensch von auffallend schlichter Denkart ist, das stimmt
schon. Dies wäre noch kein Unglück, träfe es nicht auch
auf die anderen Figuren des *Blaubart* zu. Ihnen allen gönnt
Frisch nur wenig Verstand. Meist haben sie nichts zu sagen, und wenn sie schon etwas sagen könnten, dann wollen
sie es nicht. So tritt der Prozeß auf der Stelle – und mit ihm
die ganze Erzählung.

In einer freundschaftlich-kollegialen Anzeige des Buches macht Martin Walser einen schlechthin verblüffen-
den Vorschlag: Man solle, meint er, den *Blaubart* kompo-
nieren, er könne sich diesen neuen Frisch-Text als (»faszi-
nierende«!) Oper oder auch als Oratorium vorstellen.[2]
Nein, das kann ich nicht. Gleichwohl steckt in Walsers
scheinbar abwegigem Vorschlag ein rationaler Kern. Natürlich kann man diese Arbeit als Hörspiel betrachten oder
als Drehbuch verwenden oder meinetwegen als Libretto.
Aber wir haben nicht das Recht zu ignorieren, was Frisch
wollte – und er wollte, kein Zweifel, eben doch eine Erzählung, eine solche, die aus lauter Dialogen, Zitaten und Re-
defetzen besteht.

Das Ergebnis ähnelt den Produkten mancher unserer
zeitgenössischen Dramatiker: Sie begnügen sich damit,
Bühnenmanuskripte zu liefern, die bloß als Vorlage für

Regisseure dienen können, die also das Theater erst zu Ende dichten soll. Offensichtlich hofft auch Frisch, der Leser werde diesen Entwurf ergänzen: Er erwartet seine Mitwirkung, er ist auf seine Mitarbeit und Hilfe geradezu angewiesen. Das Publikum als Partner? Aber gewiß doch. Das ist legitim und übrigens nicht ganz neu. Schon bei Novalis heißt es: »Der wahre Leser muß der erweiterte Autor sein.«[3] Nur fragt sich in jedem Fall, ob die erwünschte Kooperation auch lohnt.

1982

NACHWORT

Natürlich kann ich mich an meine erste Begegnung mit Max Frisch noch gut erinnern. Es ist schon lange her, es war im Oktober 1964. Und sie fand an einem vornehmen Ort statt: in Kastens Hotel Luisenhof in Hannover.

In jenen Jahren gab es als Gemeinschaftsproduktion mehrerer Sender eine als neuartig geltende Funkserie: das *Literarische Kaffeehaus*. Es handelte sich um längere Gespräche, an denen nur drei Personen teilnahmen: Hans Mayer und ich waren immer dabei, der Dritte war ein Gast, meist ein bekannter Schriftsteller, bisweilen ein Literarhistoriker. Man unterhielt sich über Literatur und das literarische Leben, gelegentlich auch über ganz andere Themen, vorwiegend über Aktuelles. Zu den Eingeladenen gehörten: Heinrich Böll, Günter Grass, Friedrich Dürrenmatt, Wolfgang Koeppen, Ernst Bloch, Martin Walser, Hilde Spiel, Siegfried Lenz, Walter Jens. Gesendet wurde in der Regel *live* aus dem (längst nicht mehr existierenden) Weinhaus Wolf, von dem in Gottfried Benns Briefen die Rede ist und vor allem in dessen bemerkenswertem Aufsatz aus dem Jahre 1937.[1]

Im Oktober 1964 also war Max Frisch an der Reihe. Kaum im Luisenhof abgestiegen – sonderbar, daß man dieses Verbum immer noch benutzt, obwohl wir unsere Hotels nicht mehr reitend erreichen –, ging ich gleich nach unten, wohl in der Hoffnung, einen der beiden anderen Teilnehmer dort zu treffen. Von der ersten Etage aus sah

ich plötzlich Frisch in der Hotelhalle: Gemächlich und offenbar etwas gelangweilt ging er hin und her. Ich erkannte
ihn sofort und beobachtete ihn eine Weile: Dieser joviale,
beinahe würdig ausschauende Herr ist also, dachte ich mir,
der Mann, der den *Stiller* geschrieben hat und den *Homo
Faber* und dieses herrliche *Tagebuch*. Weltliteratur in Person? Nein, ein anderes und nur auf den ersten Blick be-
scheideneres Wort fiel mir ein: *europäische* Literatur in
Person.

Ich hatte keine Bedenken, auf ihn zuzugehen und mich
ihm vorzustellen. Denn ich war sicher, daß hier nichts
schiefgehen konnte. In der Tat: Kaum hatte Frisch meinen
Namen gehört, da hellte sich sein Gesicht auf, offenbar war
er erfreut, mich kennenzulernen. Fest und herzlich
drückte er mir die Hand, vielleicht, wer weiß, wollte mich
der berühmte Mann gar umarmen. Immerhin sagte er
nicht ohne Feierlichkeit und beinahe gerührt: »Ich danke
Ihnen.« Und da ich nur mit Freundlichem zu rechnen
hatte, blickte ich ihn stumm und erwartungsvoll an. Er
fügte auch rasch hinzu: »Ich danke Ihnen sehr für Ihr Plädoyer.« Nun waren wir beide gerührt. Und einer von uns
(ich glaube, er war es) fand das erlösende, wenn auch nicht
originelle Wort: »Gehen wir in die Bar.«

Der Hintergrund des Ganzen ist unkompliziert. Wenige
Wochen vor diesem Treffen war Frischs beinahe fünfhun-
dert Seiten umfassender Roman *Mein Name sei Gantenbein* erschienen. Er hatte an diesem Buch jahrelang gear-
beitet und war nun verständlicherweise an nichts anderem
auf dieser Erde mehr interessiert als an dem Echo der Kritik. Das ließ nicht auf sich warten: Die Wochenzeitung *Die*

Zeit brachte am 18. September 1964 über den *Gantenbein* einen ausführlichen Essay von Hans Mayer.

Der bedeutende Gelehrte hatte allerlei zum Thema zu sagen, Wichtiges und Erhellendes, doch auf die von ihm selber gestellte Frage, ob das nun ein guter oder ein schlechter Roman sei, wollte er partout nicht antworten. Selbst der Klassenletzte hatte jetzt begriffen, was hier gespielt wurde: Soviel dem höflichen Rezensenten zu *Gantenbein* auch eingefallen war, sowenig konnte er dem Roman abgewinnen, ja, er lehnte ihn nachgerade ab.

Frisch war nicht nur enttäuscht, er fühlte sich getroffen und verletzt, zumal jeder wußte, daß Hans Mayer bisher zu den Bewunderern seiner Prosa gehörte. Überdies waren in den sechziger Jahren Einfluß und Autorität der *Zeit* im Bereich der Literaturkritik besonders groß. In seinem *Tagebuch* hatte Frisch einst bemerkt: »Über einen Tadel hinweggehen, weil er uns verfehlt oder gar läppisch erscheint, das ist nicht so einfach, das hat stets etwas Verdächtiges. Der Tadel bleibt kleben.«[2] Diesmal blieb er nicht lange kleben.

Denn schon nach zwei Wochen konnte man in der *Zeit* eine zweite, ebenfalls sehr umfangreiche Kritik des *Gantenbein* lesen. Sie stammte von mir. Ich sprach mich für den Roman aus. Nun läßt sich meist das negative Urteil schlüssiger und überzeugender erklären und begründen als das positive, es ist also ungleich schwieriger ein Buch zu loben als zu tadeln. Etwas leichter wird die Aufgabe, wenn sich gegen einen anderen, der sich über denselben Gegenstand geäußert hat, polemisieren läßt. Von dieser Möglichkeit konnte ich hier Gebrauch machen, in meinem

Plädoyer für Max Frisch – so der Titel dieses Artikels – pole-misierte ich weidlich gegen Hans Mayer. So war Frisch doppelt zufrieden: Ich hatte den *Gantenbein* gerühmt und die Gegenargumente in Frage gestellt. Meine Kritik, nur sie war die Ursache der überaus herzlichen Begrüßung im Foyer des Hotels Luisenhof.

Ich war damals schon lange genug in unserem Gewerbe tätig, um mir keine naiven Illusionen zu machen: Ich wußte also, daß das Verhältnis eines Autors zu einem Kritiker nahezu immer von einem einzigen Umstand abhängt – davon nämlich, wie dieser Kritiker diesen Autor bewertet hat, zumal (darauf kommt es ganz besonders an) dessen letztes Buch. Was wünschen sich denn eigentlich die Schriftsteller von jenen, die sich in der Öffentlichkeit über ihre Produkte äußern?

Als ich 1955 etwas über Arnold Zweig geschrieben und es ihm (überflüssigerweise) auch noch zugeschickt hatte, dankte er mir mit einer für mich nicht unbedingt schmei-chelhaften Anekdote: »Da gingen Heinrich Mann, Arthur Schnitzler und Hugo von Hofmannsthal am Starnberger See miteinander spazieren, sprachen über literarische Kri-tik und erhielten von Hofmannsthal auf die Frage, was er von Tageskritik halte, die klassische Antwort: ›G'lobt soll mer wern, g'lobt soll mer wern, g'lobt soll mer wern!‹«[3]

Georg Lukács hat dem Thema *Schriftsteller und Kritik* eine eingehende Abhandlung gewidmet; nach allerlei sub-tilen und mitunter höchst verwickelten Gedankengängen überrascht er seine Leser mit einer Entdeckung: »Für den Schriftsteller ist im allgemeinen eine ›gute‹ Kritik jene, die ihn lobt oder seine Nebenbuhler herunterreißt, eine

›schlechte‹ jene, die ihn tadelt oder seine Nebenbuhler fördert.«[4]

Ein zeitgenössischer deutscher Dichter, den ich seit vielen Jahren schätze, hat mir einmal gesagt: »Ich wünsche nicht öffentlich belehrt zu werden. Wer etwas an meinen Büchern auszusetzen hat, aber es gut mit mir meint, der wird schon eine andere Möglichkeit finden, mir dies mitzuteilen. Schließlich gibt es die Deutsche Bundespost.« Ein anderer Autor, Martin Walser, wußte schon, wovon er sprach, als er kurzerhand erklärte, das Urbild aller Schriftsteller sei der ägyptische Hirte Psaphon, der den Vögeln beigebracht hat, ihn zu preisen und zu besingen.[5]

Sicher ist: Nach meinem Plädoyer für den *Gantenbein* blieb mir Frisch gewogen. Er war es erst recht, als ich 1972 nach einigen kleineren, stets höchst respektvollen Kommentaren seinen neuen Prosaband, das *Tagebuch 1966–1971*, rühmend besprach. Ich proklamierte Frisch zum »Klassiker inmitten unserer Gegenwart« – und ich glaube noch heute, daß dies gar nicht so falsch war.

Noch enthusiastischer schrieb ich 1975 über *Montauk* – jetzt in der *Frankfurter Allgemeinen Zeitung*. Schon in dem ersten Abschnitt dieser Kritik riskierte ich einen Satz mit nicht weniger als sechs Superlativen: Die Erzählung, die in mancher Hinsicht alles übertreffe, was wir bisher von Frisch kannten, sei sein intimstes und zartestes, sein bescheidenstes und gleichwohl kühnstes, sein einfachstes und vielleicht eben deshalb originellstes Buch. Eine Hymne war es also. Frisch zeigte sich dankbar, und es ist nicht ganz ausgeschlossen, daß er mich damals für einen guten Kritiker hielt.

Mir aber warf man vor, ich hätte wieder einmal stark übertrieben: Die Erzählung *Montauk* sei gewiß nicht schlecht, aber so gut sei sie nun auch nicht. Und als ich 1976 mit der Heine-Plakette ausgezeichnet wurde, meinte mein Freund Walter Jens in seiner sonst so schönen Laudatio, ich hätte eine Schwäche, die mich fehlbar sein lasse. Sobald nämlich die Liebe ins Spiel komme, gerate, was ich zu sagen hätte, hier und dort ein wenig persönlich: »Wenn Max Frisch die alten Männer und jungen Mädchen besingt, ist es um Reich-Ranicki geschehen.«[6]

Ob ich, *Montauk* lobend, damals, 1975, zu weit gegangen bin – ich kann das nicht entscheiden. Aber ich bedauere meine Kritik keineswegs, ja, ich liebe dieses Buch immer noch. Es gilt ja mittlerweile als eines der ganz wenigen Prosawerke der deutschen Literatur der siebziger Jahre, die ihre Zeit überdauert haben. Und wenn ich mich nicht ganz irre, ist jetzt auch Walter Jens dieser Ansicht.

1979 folgte Frischs Erzählung *Der Mensch erscheint im Holozän*. Schon der Titel mißfiel mir, ich war verwundert und verärgert. Mir war sofort klar, daß ich über dieses Buch nicht schreiben sollte. Sosehr mich sein Thema interessierte, so empfand ich es doch als fremd, als mühselig präpariert. Fehlte mir das Sensorium für diese Prosa, für ihren Ton, ihren Stil? Man sollte es Kritikern nicht verübeln, wenn sie sich in manchen Fällen verpflichtet fühlen, zu schweigen.

Und weil ich es damals vorzog zu schweigen, wurden die stets distanzierten, aber korrekten Beziehungen zwischen Frisch und mir glücklicherweise nicht gefährdet – vorerst jedenfalls. Ich erinnere mich gern an einen Besuch im Mai 1980 in seiner kleinen Züricher Wohnung in der Stocker- straße. Wichtiger und auch folgenreicher war aber ein Besuch in seinem neuen, auffallend hellen und geräumi- gen Domizil ebenfalls in der Züricher Innenstadt, in der Stadelhoferstraße. Er habe diese Wohnung gewählt, weil es hier alles, was er dringend brauche, in der Nähe gäbe (er nannte an erster Stelle eine Apotheke), die Wohnung sei schon sehr schön, aber der Bau einer neuen S-Bahnlinie in ihrer unmittelbaren Nähe mache ihm zu schaffen. Der Lärm sei unerträglich.

Frisch war dennoch in bester Laune. Den Grund erfuhr ich bald: Er arbeitete an einer neuen Erzählung und war sicher, einen vorzüglichen Stoff gefunden zu haben. Nicht nur die Höflichkeit ließ mich kaum zu zügelnde Neugier an den Tag legen: Ich wollte wirklich genauer informiert werden und dies, obwohl ich längst wußte, daß die überaus originellen Einfälle der Schriftsteller oft überhaupt nicht realisiert werden oder zu mäßigen Ergebnissen führen – und daß andererseits aus scheinbar blassen und reizlosen Motiven sehr wohl Bemerkenswertes oder gar Bedeuten- des entstehen kann.

Lange zu bitten brauchte ich nicht. Frisch entkorkte eine Flasche Champagner und legte schwungvoll los. Es habe unlängst in Zürich ein ungewöhnlicher Straf- prozeß stattgefunden, der sich über einige Wochen hin- zog – er, Frisch, sei tagein, tagaus dabeigewesen. Was ich über den Verlauf und die Einzelheiten dieser Gerichts- verhandlung, über den Angeklagten, die Zeugen und die Geschworenen zu hören bekam – es war schlechthin großartig. Eine spannendere und interessantere Geschichte von Frisch kannte ich nicht. Ich habe nicht etwa Enthusiasmus gemimt, ich war aufrichtig begeistert: Hier hatte ein großer, alter Erzähler den ihm gemäßen, den für ihn idealen Stoff gefunden. Dessen war ich ganz sicher. Ich gratulierte Frisch und dachte mir: Diese Stunde – denn Frischs Bericht hatte mindestens eine Stunde in Anspruch genommen – werde ich nie im Leben vergessen.

Ungeduldig wartete ich jetzt auf das Buch. Im Frühjahr 1982 kam es unter dem Titel *Blaubart* heraus. Hat es mich enttäuscht? Nein, dieses Wort ist zu schwach. Ich war nachgerade entsetzt. Allem Anschein nach hatte sich Frischs Verhältnis zu seinem Stoff verändert. Glaubte er nicht mehr an die Suggestivkraft der Personen und Motive, mit denen er sich im Züricher Gerichtssaal bekanntgemacht hatte? Oder war etwa sein Selbstvertrauen erschüttert? Jedenfalls hatte er einer absonderlichen und aufregenden Geschichte, die für sich selbst sprach, durch allerlei Umgestaltungen und Verfremdungen ihre Unmittelbarkeit und Anschaulichkeit genommen. Aber jetzt war ich nicht der Ansicht (wie nach der Lektüre der *Holozän*-Erzählung), das könne an mir liegen. Und eben deshalb wollte ich nicht kneifen: Ich schrieb offen, was ich von dem neuen Buch hielt und bemühte mich, die Bitterkeit mit freundlichen Wendungen zu mildern, die Pille des Tadels also zu versüßen – was in der Regel zwecklos ist. Denn auch für die Kritik gilt das Wort aus der *Iphigenie:* »Man spricht vergebens viel, um zu versagen; / Der andere hört von allem nur das Nein.«

In den nächsten Jahren korrespondierten wir gelegentlich miteinander, aber ich sah Frisch erst im April 1986 wieder. Er war in Frankfurt, um sich nach der Vorführung eines sehr langen Films über ihn, *Gespräche im Alter*, den Fragen der Journalisten zu stellen. Viele hatte man eingeladen, nur wenige waren erschienen. Auch ich konnte an dieser Veranstaltung nicht teilnehmen.

Abends traf ich Frisch in der Wohnung von Siegfried Unseld. Die Begrüßung fiel diesmal ganz anders aus als einst im hannoveranischen Luisenhof: kühl, ja frostig. Hatte ihn meine Abwesenheit bei der Pressevorführung seines Films verärgert? Vielleicht, doch bald kam er auf den *Blaubart* zu sprechen und auf meine Kritik. Das konnte nicht gut gehen: In der Tat war Frisch sofort gereizt, nannte mich »präpotent«, er wurde rabiat und auch aggressiv.

Zu meiner Überraschung erklärte er, er selber sei an allem schuld, er habe einen Fehler gemacht, er hätte mir nie den Inhalt seines Buches erzählen sollen. Darauf vor allem sei meine ungünstige (und natürlich einseitige und ungerechte) Kritik zurückzuführen. Ich glaube davon kein Wort: Auch wenn ich nichts über das Thema des *Blaubart* gewußt hätte, wäre meine Beurteilung dieser Erzählung schwerlich positiver gewesen. Und wieder einmal mußte ich mich damit abfinden, daß das Verhältnis eines Autors zu einem Kritiker davon abhängt, was der Kritiker über dessen letztes Buch geäußert hat. Verwunderlich ist dies keineswegs und absurd wäre es, dies dem Autor zu verübeln. Es läßt sich doch die Empfindlichkeit, die Voraussetzung der künstlerischen Arbeit ist, nicht trennen von der überaus empfindlichen Reaktion der Betroffenen auf jegliche Kritik, die ihrem Ruf schaden könnte.

Gleichviel: Die Atmosphäre an jenem Abend im April 1986 machte es mir unmöglich, Max Frisch auf einfache Weise mitzuteilen, was aus meinen Kritiken trotz aller Begeisterung vielleicht doch nicht in ausreichendem Maße hervorgeht. Ich wollte ihm also sagen, daß ich ihm ganz außerordentlich dankbar bin und daß einige seiner Bücher aus meinem Leben nicht mehr wegzudenken sind, ja, daß ich sie liebe – den *Stiller* und den *Homo Faber*, den *Gantenbein* und *Montauk* und, nicht zuletzt, die beiden *Tagebücher*. Mehr noch: Daß mir seine Werke näher stehen als die von Dürrenmatt oder Böll, von Grass oder Uwe Johnson. Wäre also Frisch der bessere Schriftsteller? Nein, nicht darum geht es hier, nicht um einen Qualitätsvergleich. Ob es nun für oder gegen ihn spricht, es ist eine Tatsache: Anders als Dürrenmatt oder Böll, als Grass oder Uwe Johnson schrieb Frisch über die Komplexe und die Konflikte der Intellektuellen, und er wandte sich immer wieder an uns, die Intellektuellen aus der bürgerlichen Bildungsschicht.

Er hat wie kein anderer unsere Mentalität durchschaut und erkannt: Was wir viele Jahre lang spürten, ahnten und dachten, hofften und fürchteten, ohne es ausdrücken zu können – er hat es formuliert und gezeigt. Er hat seine und unsere Welt gedichtet, ohne sie je zu poetisieren, er hat seine und unsere (das Wort läßt sich nicht mehr vermeiden) Identität stets aufs neue bewußt gemacht – uns und allen anderen. So konnten und können wir in seinem Werk, im Werk des europäischen Schriftstellers Max

Frisch finden, was wir alle in der Literatur suchen: unsere Leiden. Oder auch: uns selber. Das also wollte ich ihm damals sagen.

Frankfurt am Main,   Marcel Reich-Ranicki
im Januar 1991

ANHANG

Nachweise und Anmerkungen

DER DICHTER DER ANGST

Zuerst in: *Neue Rundschau*, Heft 2 (1963).

1 Max Frisch: *Gesammelte Werke in zeitlicher Folge.* Herausgegeben von Hans Mayer unter Mitwirkung von Walter Schmitz. Band IV: 1957–1963. Suhrkamp Verlag, Frankfurt/M. 1976, S. 245.

2 A. a. O., S. 263.

3 Max Frisch: *Gesammelte Werke in zeitlicher Folge.* Band III: 1949–1956. A. a. O. S. 175.

4 Joachim Kaiser: *Konsequenzen eines Bildersturmes.* In: *Frankfurter Hefte*, Heft 12 (1957).

5 Werner Weber: *Zeit ohne Zeit – Aufsätze zur Literatur.* Manesse Verlag, Zürich 1959, S. 88.

6 Werner Weber, a. a. O., S. 86.

ENTWÜRFE ZU EINEM ICH

Zuerst in: *Die Zeit* vom 2. Oktober 1964.

1 Hans Mayers für *Die Zeit* geschriebene Analyse des Romans *Mein Name sei Gantenbein* ist auch zu finden in: H. M., *Zur deutschen Literatur der Zeit.* Rowohlt Verlag, Reinbek bei Hamburg 1967, S. 204–213.

2 Vgl. Max Frisch: *Tagebuch 1946–1949.* Suhrkamp Verlag, Frankfurt/M. 1958, S. 39–343.

3 Hans Mayers Studie *Anmerkungen zu »Stiller«* erschien in: H. M., *Dürrenmatt und Frisch – Anmerkungen.* Verlag G. Neske, Pfullingen, 1963; Nachdruck in: H. M., *Zur deutschen Literatur der Zeit.* A. a. O., S. 189–240.

4 Vgl. Max Frisch: *Tagebuch 1946–1949.* A. a. O., S. 42.

5 »Ein individuelles Engagement an die Wahrhaftigkeit« fordert Frisch in der 1958 gehaltenen Rede zur Verleihung des Georg-Büchner-Preises der Deutschen Akademie für Sprache und Dichtung in Darmstadt. Zu finden in: Max Frisch: *Gesammelte Werke in zeitlicher Folge.* Band IV: 1957–1963. A. a. O., S. 229–243.

ENGAGIERTE LITERATUR – WOZU?

Zuerst in: *Die Zeit* vom 23. Oktober 1964.

1 Die Rede ist zu finden in: Max Frisch, *Gesammelte Werke in zeitlicher Folge.* Band V: 1964–1967. A. a. O., S. 339–354.

2 Hans Erich Nossacks Rede zum Wilhelm-Raabe-Preis ist enthalten in: H. E. N., *Die schwache Position der Literatur. Reden und Aufsätze.* edition suhrkamp 156, Suhrkamp Verlag, Frankfurt/M. 1966. Die zitierte Äußerung findet sich auf S. 127.

3 Ingeborg Bachmann: *Werke.* Herausgegeben von Christine Koschel, Inge von Weidenbaum, Clemens Münster. Vierter Band: Essays, Reden, Vermischte Schriften, Anhang, R. Piper & Co. Verlag, München 1978, S. 196.

DER KLASSIKER DER SKIZZE

Zuerst in: *Die Zeit* vom 5. Mai 1972.

1 Max Frisch: *Gesammelte Werke in zeitlicher Folge.* Band II: 1944–1949. A. a. O. , S. 447.

2 A. a. O., S. 448.

3 Max Frisch: *Tagebuch 1966–1971.* Suhrkamp Verlag, Frankfurt/M. 1972.

EIN SCHWEIZER AUS BEKENNTNIS

Zuerst in: *Frankfurter Allgemeine Zeitung* vom 1. März 1974.

1 Die Formulierungen stammen aus Frischs Rede zur Verleihung des Großen Schillerpreises *(Die Schweiz als Heimat?)* Zu finden in M. F.: *Gesammelte Werke in zeitlicher Folge.* Band VI: 1968–1975. A. a. O., S. 517.

2 Max Frisch: *Dienstbüchlein.* Suhrkamp Verlag, Frankfurt/M. 1974.

3 Diese Geschichte erzählt Frisch in seinem 1975 erschienenen Buch *Montauk.*

DAS BUCH DER LIEBE

Zuerst in: *Frankfurter Allgemeine Zeitung* vom 7. Oktober 1975.

1 Max Frisch: *Montauk.* Erzählung. Suhrkamp Verlag, Frankfurt/M. 1975.

2 *Unsere Gier nach Geschichten.* Geschrieben 1960, zu finden in: Max Frisch, *Gesammelte Werke in zeitlicher Folge.* Band IV: 1957–1963. A. a. O., S. 263.

EIN UNGEDECKTER SCHECK

Zuerst in: *Frankfurter Allgemeine Zeitung* vom 3. April 1982.

1 Max Frisch: *Blaubart.* Eine Erzählung. Suhrkamp Verlag, Frankfurt/M. 1982.

2 Martin Walser: *Der Mensch erscheint im Kriminalroman.* Zitiert nach Manuskript.

3 Novalis: *Werke und Briefe.* Herausgegeben und mit einem Nachwort versehen von Alfred Kelletat. München o. J., S. 369.

NACHWORT

Zuerst in: *Frankfurter Allgemeine Zeitung* vom 9. Februar 1991.

1 Der Aufsatz *Weinhaus Wolf* ist zu finden in: Gottfried Benn, *Sämtliche Werke.* Stuttgarter Ausgabe. In Verbindung mit Ilse Benn herausgegeben von Gerhard Schuster. Band IV, Prosa 2. Klett-Cotta Verlag, Stuttgart 1989, S. 219–241. Ebenda (auf S. 611–614) sind die Hinweise auf das Weinhaus Wolf in Benns Briefen zitiert.

2 Max Frisch: *Gesammelte Werke in zeitlicher Folge.* Band II: 1944–1949. A. a. O., S. 641.

3 Brief Arnold Zweigs vom 19. Juli 1955 an den Autor (unveröffentlicht).

4 Der aus dem Jahre 1939 stammende Essay *Schriftsteller und Kritiker* ist zu finden in: Georg Lukács, *Probleme des Realismus*. Aufbau-Verlag, Berlin 1955, S. 271–304. (Zitat auf S. 284.)

5 Martin Walser: *Wer ist ein Schriftsteller?* Aufsätze und Reden. edition suhrkamp 959, Suhrkamp Verlag, Frankfurt/M. 1979, S. 67.

6 Die Laudatio von Walter Jens ist enthalten in: *Über Marcel Reich-Ranicki*. Aufsätze und Kommentare. dtv 10415. Deutscher Taschenbuch Verlag, München 1985, S. 204–214.

ZU DEN BILDERN

Das Umschlagbild von Fernand Rausser entstand in den achtziger Jahren in Zürich, das erste Foto des Bildteils in Rom zwischen 1960 und 1965, das Porträt mit der Olivetti wie das Frontispiz in den sechziger Jahren, das folgende Foto 1966 in Warschau, die letzte Aufnahme in New York 1983. © der Fotos liegt beim Max Frisch-Archiv, Zürich, © für das Umschlagbild bei Fernand Rausser, Bolligen bei Bern.

Zeittafel

1911   Geboren am 15. Mai in Zürich als Sohn des Ar-
        chitekten Franz Bruno Frisch und dessen Frau
        Karolina, geb. Wildermuth.
1924/30 Kantonales Realgymnasium Zürich.
1931/33 Studium der Germanistik an der Universität
        Zürich, das er abbricht, um Journalist zu wer-
        den. Reisen nach Prag, Budapest, Istanbul,
        Griechenland. Veröffentlichungen vor allem in
        der *Neuen Zürcher Zeitung.*
1934   *Jürg Reinhart. Eine sommerliche Schicksalsfahrt,*
        Roman, erscheint bei der Deutschen Verlags-
        Anstalt.
1936   Aufnahme eines Studiums der Architektur an
        der Eidgenössischen Technischen Hochschule
        in Zürich.
1937   *Antwort aus der Stille. Eine Erzählung aus den
        Bergen,* wiederum bei der Deutschen Verlags-
        Anstalt.
1940   *Blätter aus dem Brotsack* im Atlantis Verlag, Zü-
        rich.
1941   Nach Abschluß des Studiums (Diplom) Anstel-
        lung als Architekt.
1942   Eröffnung eines eigenen Architektur-Büros in
        Zürich.
1943   *J'adore ce qui me brûle oder Die Schwierigen* Ro-
        man. In zweiter Fassung 1957 *Die Schwierigen
        oder J'adore ce qui me brûle.*

1945 *Bin oder Die Reise nach Peking,* Erzählung. *Nun singen sie wieder. Ein Schauspiel aus der Gegenwart,* uraufgeführt im Schauspielhaus Zürich.

1946 Reisen nach Deutschland und Italien.

1947 Reisen nach Prag und Berlin. *Die Chinesische Mauer. Eine Farce.* Zweite Fassung 1955 im Suhrkamp Verlag, Frankfurt am Main. Frisch schrieb noch eine dritte und vierte Fassung. Die letzte erschien 1972.

1948 Reisen nach Paris, Wien, Prag, Warschau, Breslau. Kontakt mit Bertolt Brecht in Zürich.

1949 Nach den Entwürfen des Architekten Frisch wird das Freibad Letzigraben in Zürich fertiggestellt. *Als der Krieg zu Ende war,* Schauspiel, uraufgeführt im Januar im Schauspielhaus Zürich. Zweite Fassung 1962.

1950 *Tagebuch 1946–1949,* bei Suhrkamp in Frankfurt am Main, wo fortan alle neuen großen Arbeiten von Max Frisch erscheinen.

1951 *Graf Öderland. Ein Spiel in zehn Bildern.* Es existieren vier Fassungen. Stipendium der Rockefeller-Stiftung.

1951/52 Einjähriger Aufenthalt in den USA und Mexico.

1953 *Don Juan oder Die Liebe zur Geometrie,* Komödie. 1962 folgt eine weitere Fassung. *Herr Biedemann und die Brandstifter* als Hörspiel. *Rip van Winkle,* Hörspiel.

1954 Auflösung des Architektur-Büros, seither freier Schriftsteller mit Wohnsitz in Männedorf bei Zürich. *Stiller,* Roman.

1956   Reise in die USA, nach Kuba und Mexico.

1957   *Homo faber. Ein Bericht.* Reise in die arabischen Staaten.

1958   *Biedermann und die Brandstifter. Ein Lehrstück ohne Lehre. Mit einem Nachspiel,* uraufgeführt im März im Schauspielhaus Zürich. Georg-Büchner-Preis, Literaturpreis der Stadt Zürich.

1959/65   Übersiedlung nach Uetikon am See, ab 1960 Wohnsitz in Rom.

1961   *Andorra. Stück in zwölf Bildern,* uraufgeführt im November im Schauspielhaus Zürich.

1962   Ehrendoktor der Philipps-Universität Marburg.

1964   *Mein Name sei Gantenbein,* Roman.

1965   Preis der Stadt Jerusalem, Reise nach Israel. Rückkehr in die Schweiz mit Wohnsitz Tessin.

1966   Reise in die Sowjetunion.

1967   *Biografie: Ein Spiel,* uraufgeführt im Februar 1968 im Schauspielhaus Zürich.

1968   Zweite Reise in die Sowjetunion.

1971   *Wilhelm Tell für die Schule.* Winter in New York und an der Columbia University.

1972   Winter in New York. *Tagebuch 1966–1971.*

1973   Winter in Berlin. *Dienstbüchlein. Die Schweiz als Heimat?:* Dankrede für die Verleihung des Großen Preises der Schweizerischen Schiller-stiftung, gehalten im Januar im Schauspielhaus Zürich.

1975   *Montauk,* Erzählung. Reise nach China.

1976   Friedenspreis des Deutschen Buchhandels.

1978   *Triptychon. Drei szenische Bilder.*

1979   *Der Mensch erscheint im Holozän*, Erzählung.

1981   *Max Frisch: Journal I–III.* Eine filmische Lek-
        türe der Erzählung *Montauk* von Richard
        Dindo.

1982   *Blaubart*, Erzählung.

1984   *Blaubart.* Ein Film von Krystof Zanussi.

1986   *Gespräche im Alter.* Ein Film von Philippe Pil-
        liod.
        Neustadt International Prize for Literature.

1987   Teilnahme am Internationalen Friedensforum
        in Moskau.

1989   *Schweiz ohne Armee? Ein Pallaver.* In der Dra-
        matisierung von Benno Besson als *Jonas und
        sein Veteran* im Schauspielhaus Zürich urauf-
        geführt.
        Heinrich-Heine-Preis der Stadt Düsseldorf.

Über den Autor

Marcel Reich-Ranicki, geboren 1920 in Wloclawek an der Weichsel, ist in Berlin aufgewachsen. Er war von 1960 bis 1973 ständiger Literaturkritiker der Wochenzeitung *Die Zeit* und leitete von 1973 bis 1988 in der *Frankfurter Allgemeinen Zeitung* die Redaktion für Literatur und literarisches Leben. In den Jahren 1968/69 lehrte er an amerikanischen Universitäten, von 1971 bis 1975 war er Gastprofessor für Neue Deutsche Literatur an den Universitäten von Stockholm und Uppsala, seit 1974 ist er Honorarprofessor an der Universität Tübingen.

Er erhielt zahlreiche Auszeichnungen, unter anderem die Ehrendoktorwürde der Universität Uppsala (1972), den Ricarda-Huch-Preis (1981) und den Thomas-Mann-Preis (1987). Zu Reich-Ranickis wichtigeren Veröffentlichungen gehören die Bücher:

Deutsche Literatur in West und Ost (1963/1983), *Lauter Verrisse* (1970/1984), *Über Ruhestörer – Juden in der deutschen Literatur* (1973/1989), *Nachprüfung. Aufsätze über deutsche Schriftsteller von gestern* (1977/1990), *Thomas Mann und die Seinen* (1987) und *Thomas Bernhard. Aufsätze und Reden* (1990).